PROJET DE LOI

SUR

LE CODE HYPOTHÉCAIRE

ET LE CRÉDIT CÉDULAIRE,

PRÉSENTÉ.

AU CONSEIL DES CINQ-CENTS,

Au nom de la Commission chargée de simplifier et améliorer le code hypothécaire décrété le 9 messidor an III de la République française,

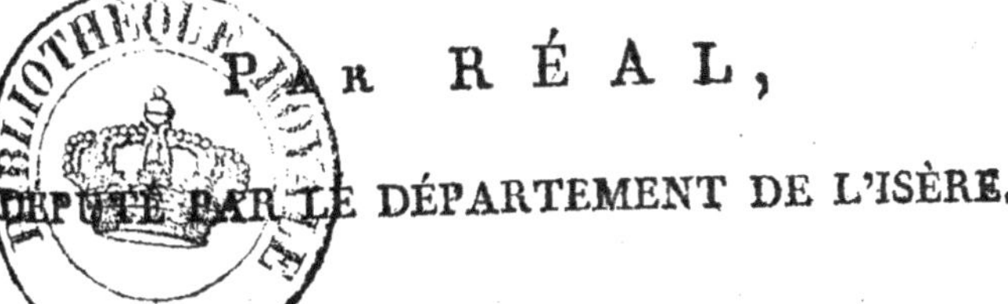

PAR RÉAL,

DÉPUTÉ PAR LE DÉPARTEMENT DE L'ISÈRE.

A PARIS,

DE L'IMPRIMERIE NATIONALE.

FRUCTIDOR, AN IV.

DISCOURS PRÉLIMINAIRE,

Par RÉAL.

L'intérêt public sollicitoit depuis long-temps l'établissement d'un nouveau régime hypothécaire uniforme pour toute la République, simple et facile dans son exécution.

Quelques règles éparses dans les lois romaines ou dans nos coutumes, des ordonnances incohérentes et imparfaites, ont été jusquici les bases diverses des jugemens sur les contestations hypothécaires.

L'assemblée constituante et la première législature sentirent la nécessité d'améliorer cette partie essentielle de la législation ; mais elles terminèrent leur session sans avoir pu rien statuer sur cet objet important.

La Convention nationale s'en occupa un instant ; elle y porta ce coup d'œil vaste et régénérateur qui a souvent caractérisé ses travaux ; elle décréta le principe de *la publicité des hypothèques*, principe fondamental sans lequel il ne peut exister de bon régime hypothécaire. C'est sur cette base que repose en entier la loi du 9 messidor an 3.

Mais cette loi, rédigée à la hâte et adoptée presque sans discussion, dans un moment où la Convention s'occupoit à méditer l'acte constitutionnel, laissa bientôt appercevoir dans ses détails des imperfections, des erreurs, des omissions.

Il appartenoit au Corps législatif de perfectionner le

a ij

code hypothécaire, ébauché par la Convention nationale. C'est une de ces institutions salutaires qui, par les grands résultats qu'elle doit produire, honorera le plus sa carrière législative.

Ce fut aussi un des premiers objets sur lesquels il fixa son attention.

Après une discussion éclairée, le Corps législatif a manifesté ses intentions de maintenir, en l'améliorant, le nouveau régime hypothécaire; il a rejeté la proposition faite par une première commission de rapporter la loi du 9 messidor, et il a chargé une autre commission de lui présenter ses vues sur les changemens et modifications dont cette loi étoit susceptible.

C'est le résultat de ce nouveau travail que je viens soumettre au Conseil.

Représentans du peuple, si nous avons atteint le but vers lequel nous avons dirigé nos efforts, ce résultat vous présentera, 1°. un régime hypothécaire simple, facile dans son exécution, qui, en assurant au créancier le remboursement de sa créance, à l'acquéreur les moyens de se libérer valablement, conserve au débiteur tout le crédit dont il est susceptible, et le soustrait à ces formalités ruineuses usitées jusqu'à ce jour pour les ventes judiciaires.

2°. Le système cédulaire vous offrira le précieux avantage de relever le crédit public et particulier, de ramener le numéraire dans la circulation, de l'y suppléer d'une manière efficace, de donner tout leur essor à l'agriculture et au commerce, et d'affermir la puissance nationale en augmentant la fortune particulière de chaque citoyen.

Quel objet fut jamais plus digne des méditations du Corps législatif !

Ainsi le code hypothécaire se divise en deux parties : le régime hypothécaire, et le système ou crédit cédulaire.

Ces deux objets sont distincts. Le régime hypothécaire est absolument indépendant du crédit cédulaire; il peut exister sans celui-ci, et forme à lui seul un système complet. Le crédit cédulaire, au contraire, ne peut être mis en action qu'à l'appui du nouveau régime hypothécaire ; c'est une heureuse application de ce régime à l'usage des cédules, pour augmenter les ressources de l'agriculture et du commerce.

PREMIÈRE PARTIE.

Du régime hypothécaire.

Maintenir la foi publique, assurer l'exécution stricte des contrats, relever le crédit public et particulier, prévenir le dol et la fraude, tarir la source des procès naissans de l'obscurité des hypothèques, tel doit être l'effet d'une bonne loi sur cette matière.

La publicité des hypothèques peut seule produire ce résultat heureux. Ce principe est la base de tout bon régime hypothécaire ; il est la pierre de touche à laquelle on doit essayer les objections qu'on pourra faire contre le nouveau système. Écartons sévèrement toute exception qui feroit fléchir la rigueur du principe.

La publicité des hypothèques fut employée par tous les législateurs comme la sauve-garde la plus sûre contre la mauvaise foi.

Dans les contrées de l'Attique, de petites colonnes placées dans les champs ou devant les maisons avertissoient les citoyens des hypothèques dont ces immeubles étoient grevés.

Rome, dans ses beaux jours, pratiqua long-temps le même usage. Des affiches dans les champs, et des inscriptions sur les maisons, servoient à donner aux hypothèques la plus grande publicité (1).

Dans la Prusse, dans la Silésie, la loi ordonne la publicité des hypothèques, et l'on en recueille les plus heureux effets.

En France on avoit senti depuis long-temps le besoin d'une loi de ce genre. Henri III en 1581, Henri IV en 1606, et Louis XIV en 1673, ordonnèrent vainement l'enregistrement de tout acte hypothécaire ; mais

---

(1) *Imponebantur tituli , superscribebantur nomina.* Digest. pass.

a iij

cette loi utile fut toujours repoussée par les courtisans et les gens de robe : elle déchiroit le voile qui couvroit les dettes frauduleuses des uns, et diminuoit les produits du domaine judiciaire des autres.

Ecoutons le ministre Colbert se plaindre, dans son testament politique, de la révocation de l'édit de 1673, et développer les avantages de la publicité des hypothèques.

« Il faudroit faire, dit-il, ce qui fut fait il y a douze
» ans, mais qui n'eut point d'exécution par les *brigues*
» *du parlement*; il faudroit établir des greffes pour
» enregistrer tous les contrats et toutes les obligations:
» ce seroit le moyen d'empêcher que personne ne fût
» trompé..... de rétablir la bonne foi, d'assurer la for-
» tune de ceux qui prêtent leur argent, et de rétablir
» le crédit des particuliers qui est perdu sans ressource.
» En effet, ceux à qui il reste encore du bien ne trou-
» vent plus de secours dans leurs nécessités, parce qu'on
» les croit bien souvent plus obérés qu'ils ne le sont.
» Il faut faire voir clair à ceux qui vous secourroient
» s'ils y trouvoient leur sûreté; il faut aussi ôter le
» moyen à ceux qui veulent tromper les autres, de le
» pouvoir faire comme il arrive tous les jours ».

Le nouveau code hypothécaire est, en dernière analyse, le développement de ce plan perfectionné.

L'édit de 1771 est fort éloigné d'avoir atteint le but proposé ; il manque de la base essentielle, *la publicité des hypothèques*; il ne fournit au prêteur aucuns moyens de connoître les dettes hypothéquées sur les biens de l'emprunteur ; il laisse l'acquéreur, *avant le contrat*, dans la même incertitude sur les dettes de son vendeur : de là une source de fraudes, de procès et d'entraves dans les transactions civiles.

La loi du 9 messidor améliora notre régime hypothécaire (1) ; elle consacra les vrais principes en cette

____

(1) Ce plan d'hypothèques et l'application qu'on peut en faire au crédit

matière : mais ses auteurs ne furent pas aussi heureux dans leur application et dans les développemens de cette loi. Une courte expérience et de nombreuses réclamations firent bientôt sentir la nécessité de réformer une foule de dispositions vicieuses.

Avant d'entrer dans le detail des modifications apportées à la loi du 9 messidor, donnons une idée rapide du nouveau code, simplifié et amélioré.

L'hypothèque est un droit réel sur les biens du débiteur obligé par acte de la jurisdiction volontaire et contentieuse.

L'exercice de ce droit consiste dans la faculté de faire vendre les biens hypothéqués, à défaut de paiement dans les termes convenus.

La publicité des hypothèques est le principe fondamental du code.

Cette publicité exige l'inscription de tout titre portant obligation, dans des bureaux établis à cet effet.

L'inscription doit déterminer d'une manière précise le montant de la créance.

La loi ne reconnoît plus d'hypothèque indéfinie, excepté contre les comptables de deniers publics, les tuteurs et curateurs.

Le principe de la publicité des hypothèques exclut aussi l'hypothèque *tacite* ou légale. Ces sortes d'hypothèques, indépendantes de tout acte public, présentent des inconvéniens graves ; elles affectent les biens d'une manière *invisible*. C'est un piége tendu au créancier de bonne foi, qui, ignorant leur existence, se trouve, par un effet rétroactif et meurtrier, privé de son remboursement.

L'hypothèque *tacite*, introduite sur-tout en faveur de la femme sur les biens de son mari, a été jusqu'à présent la source d'une foule d'abus et de fraudes prati-

---

cédulaire, est dû au citoyen *Mengin*. Il l'avoit présenté à l'assemblée constituante, et successivement à la législature. La commission se plaît à rendre hommage au zèle désintéressé avec lequel ce citoyen a poursuivi l'exécution d'un projet utile à son pays.

Ce fut sur ce plan que le citoyen *Veyrieu*, membre de l'assemblée législative, publia en 1793 un rapport lumineux, qui a servi de type à la loi du 9 messidor.

qués par des époux de mauvaise foi, au préjudice de leurs créanciers légitimes. Il est temps de la proscrire de notre code, comme elle l'est déja dans la Flandre, le Brabant et plusieurs autres pays.

Dailleurs les mesures que nous proposons pour l'inscription des contrats de mariage, pourvoient pleinement a la conservation des droits dotaux et des avantages de mariage stipulés par les époux.

Tout acte de la jurisdiction volontaire ou contentieuse confère hypothèque du jour de sa date, s'il est inscrit dans le mois. Ce délai passé, l'hypothèque n'existe que du jour de l'inscription du titre.

L'inscription dure dix années; elle peut être renouvelée dans les trois ans avant l'expiration du terme.

Le code trace à l'acquéreur un moyen facile de purger les hypothèques dont l'immeuble acquis est grévé.

Il rend notoire le passif de celui qui veut vendre ou emprunter; mais il lui conserve tout le crédit dont il est susceptible, en lui donnant les moyens de faire constater légalement son actif immobilier.

Ne redoutons point cette objection frivole de rendre publiques les dettes passives des citoyens. La mauvaise foi peut seule profiter de l'obscurité des hypothèques. Celui qui déguise l'état de ses affaires, qui dissimule sa position, pour tromper son bienfaiteur, est un fripon que la loi doit signaler. Ne vaut-il pas mieux laisser le dissipateur sans crédit, que si son crédit supposé creusoit l'abîme d'un père de famille crédule et bon qui lui confieroit son argent?

Le code prescrit un mode simple pour l'expropriation forcée. Ainsi le mode vexatoire et ruineux des *saisies réelles*, fléau le plus terrible de l'ordre judiciaire pour la fortune des citoyens, est aboli sans retour. Tel est le plan du nouveau code.

Passons aux objections faites contre la loi du 9 messidor, et qui ont été reconnues justes :

1°. Cette loi avoit abrogé l'hypothèque indéfinie, sans exception; le nouveau code la conserve contre les tuteurs et les comptables des deniers publics. Il veille par là aux intérêts de la nation, ainsi qu'à ceux des mineurs, interdits et absens. L'intérêt général dicte cette exception. C'est aux comptables publics et privés à accélérer la reddition de leurs comptes, pour s'affranchir de cette charge.

2°. Les droits dotaux des femmes mariées jouissent de plus de faveur dans le nouveau code : l'inscription du contrat une fois faite, suffit pour les conserver pendant la durée du mariage et une année après. Ces inscriptions sont affranchies du droit dû au trésor public pour leur enregistrement.

3°. L'usage de la vente sous seings privés est rétabli suivant les anciennes lois.

4°. La formalité inutile et gênante de la déclaration foncière qui devoit précéder toute vente, donation ou acte translatif de propriété, est supprimée : cette déclaration est réduite au seul cas de l'expropriation forcée et de la cédulisation. Il faut bien, dans tout système, faire connoître la nature et la valeur de l'immeuble dont on poursuit la vente judiciaire, ou sur lequel on veut emprunter.

5°. L'usufruit des immeubles et leur jouissance résultant des baux emphytéotiques, sont déclarés susceptibles d'hypothèque ; *réputés* immeubles par le code civil, ils doivent jouir des mêmes avantages.

6°. L'ouvrier est rétabli dans son privilége sur la valeur des constructions par lui faites, légalement justifiées. La faveur due à l'agriculture et à la conservation des propriétés a même fait étendre ce privilége sur le sol de l'immeuble réparé jusqu'à concurrence du quart de la valeur du sol, lorsque l'ouvrier seroit exposé à perdre ses avances par le fait de la guerre ou la force majeure. Cette extension est imitée d'une loi anglaise, qui, en ce cas, porte même plus loin ce privilége.

7°. La formalité de l'inscription des créances a été simplifiée : le ministère d'un fonctionnaire public certifiant le titre de créance est supprimé. Il suffit de déclarer le montant de sa créance et les noms du débiteur.

8°. Nous n'avons pas cru devoir assujettir à l'inscription les services fonciers. Il eût été bien dur pour

le propriétaire qui jouit d'un droit de passage ou de
vue sur l'héritage voisin, et dont il fait journellement
usage, de le soumettre à l'inscription pour le conserver. Un droit passif de servitude est une modification
de la propriété. Celui qui me vend ou m'hypothèque
son fonds ne peut me donner plus de droits à la propriété qu'il n'en a lui-même. L'intérêt public exige que
les services fonciers ne soient soumis à d'autres règles
que celles prescrites par le code civil, pour leur conservation ou leur prescription.

9°. Le nouveau code présente des moyens plus simples
que l'ancienne loi pour purger les hypothèques.

Ou le prix de vente suffit pour payer toutes les créances inscrites, ou il ne suffit pas. Dans le premier cas,
l'acquéreur paie les créanciers inscrits, et il est à l'abri
de toute recherche.

Dans le second, il a la faculté ou d'acquitter la
totalité des créanciers inscrits, ou de poursuivre la vente
de l'objet acquis au plus offrant et dernier enchérisseur.
S'il préfère payer la totalité des créances inscrites, il
est subrogé aux droits des créanciers qui n'auroient pu
être utilement colloqués. Veut-il poursuivre la vente judiciaire? Il a le droit de rester adjudicataire, en offrant
de parfournir la plus haute enchère; et si cette enchère
excède son prix de vente, il est créancier du vendeur
pour l'excédent : dans tous les cas, il devient propriétaire incommutable.

10°. Les formes usitées jusqu'à présent pour les expropriations forcées ou ventes judiciaires, étoient également ruineuses et compliquées : déja simplifiées par la
loi du 9 messidor, nous les avons encore améliorées.

Faire un commandement au débiteur de payer dans
vingt jours; à défaut de paiement, poursuivre la vente
judiciaire de l'immeuble grevé devant le juge-de-paix de
la situation du bureau des hypothèques; donner à cette
vente la plus grande publicité, par des affiches apposées
un mois auparavant, tant à l'extérieur du domicile du
débiteur et des édifices saisis, que dans les communes
de la situation des biens et du bureau des hypothèques :

Telle est la marche simple, expéditive et peu dispendieuse, qu'on propose de substituer aux saisies réelles et décrets forcés.

Deux mois au plus suffiront pour opérer une expropriation forcée, qui traînoit autrefois des années entières, et consommoit la ruine du débiteur.

11°. Il étoit essentiel d'adoucir le passage de l'ancienne législation au nouvel ordre de choses : nous devions éviter, d'une part, tout effet rétroactif ; et, de l'autre, réduire au moindre taux possible les frais d'inscription pour toutes créances antérieures à la publication de la présente loi. Nous y avons consacré un chapitre entier, celui *des dispositions circonstancielles et transitoires.*

C'est d'après ces motifs que, pour l'inscription de tous droits ou créances antérieures à la nouvelle loi, il suffira de les énoncer dans le bordereau, ainsi que l'origine desdites hypothèques, si elle est connue.

Il n'est perçu pour l'inscription de tous droits et créances antérieures à la publication de la loi, que la moitié des droits fixés par le tarif aux conservateurs.

Il n'est même perçu aucuns droits pour l'inscription de créances existant au profit de la nation ou des établissemens de charité et hospices ; pareille exception a lieu en faveur des femmes mariées pour leurs créances sur les biens de leurs maris.

12°. La loi du 9 messidor privoit les actes publics passés hors du territoire français de la faculté de conférer hypothèque.

Nous avons rétabli à cet égard l'exécution des traités avec les puissances étrangères qui ont stipulé cette faculté réciproque.

Nous aurions desiré pouvoir rendre commun ce privilége à toutes les nations. Pénétrés de cette idée grande et vraie, de la fraternité générale de l'espèce humaine, il nous paroissoit digne du peuple français de donner le premier cet exemple éclatant d'une bienveillance universelle, de rappeler sans cesse les nations à ce pacte mémorable d'amitié réciproque et de paix gravé au fond de nos cœurs par l'auteur de la nature et le sentiment de la liberté.

Mais cet heureux moment n'est pas encore arrivé.

1°. Pour accorder aux actes et jugemens émanés des *pays étrangers* le caractère hypothécaire que la loi attache à l'authenticité, il seroit de toute justice que les citoyens français jouissent du même avantage chez les autres nations.

En second lieu, si un acte passé en pays étranger jouissoit en France du caractère d'authenticité, il en résulteroit, d'après nos principes, que, s'il étoit inscrit dans le mois de la date, il emporteroit hypothèque en France dès cette époque.

Or, l'on ne peut se dissimuler que ce privilége n'entraînât des inconvéniens graves. Quels moyens pourroit avoir un citoyen français de s'assurer si celui avec lequel il contracte, n'a pas souscrit depuis un mois quelque engagement en pays étranger qui primeroit son hypothèque ?

Ces raisons nous ont engagés à nous borner aux exceptions portées par les traités.

13°. La même loi disposoit que les intérêts des créances hypothécaires n'étoient susceptibles de conférer hypothèque que pour une année et le terme courant.

En entrant dans l'esprit qui avoit motivé cette disposition, nous avons étendu cette hypothèque à *deux annuités*, outre le terme courant.

La jurisprudence sur ce point présentoit deux opinions contraires ; quelques tribunaux n'admettoient les arrérages qu'après les capitaux de toutes les créances ; d'autres les admettoient au même rang que chaque capital dont ils dérivoient : l'équité réprouve ces deux extrêmes.

Dans le premier cas, les plus anciens créanciers sont exposés, vis-à-vis d'un débiteur insolvable, à perdre leurs arrérages échus avant la constitution de l'hypothèque subséquente.

Dans le second cas, on frustre de leurs capitaux plusieurs créanciers pour payer de nombreux arrérages accumulés par des échéances postérieures. Au moment où le second créancier a prêté ses fonds, le débiteur étoit solvable ; il n'étoit point dû d'arrérages au premier. Or, est-il juste que ce premier créancier, par sa négligence à se faire payer des échéances postérieures, détériore le sort du second créancier? Non sans doute.

Il importe au créancier et au débiteur que celui-ci ne se laisse point arrérager : accorder l'hypothèque aux intérêts pour *deux annuités*, outre le terme courant, nous a paru suffisant pour tout concilier. L'étendre plus loin, seroit maintenir une sorte d'hypothèque *tacite* qui favoriseroit la négligence et la mauvaise foi.

14°. Nous avons simplifié et ramené à son vrai point l'organisation des bureaux de la conservation des hypothèques : les droits fixés par le premier tarif ont été réduits au taux rigoureusement nécessaire pour le salaire des conservateurs.

Ces conservateurs ne pourront excéder le nombre de cinq cents : un cautionnement en immeubles de quinze millions est réparti entre eux, et offre aux citoyens une garantie suffisante de leur responsabilité dans leurs fonctions.

Leur traitement est, en général, fixé au cinquième pour cent du montant de leur cautionnement (1), et il est payé par une remise sur les produits du tarif.

Un conservateur général établi à Paris dirige l'action de tous les bureaux de la conservation, sous la surveillance immédiate des ministres de la justice et des finances (2).

15°. En diminuant les salaires des conservateurs, nous avons augmenté les droits à percevoir au profit du trésor public.

L'édit de 1771 sur les hypothèques produisoit au trésor public un revenu de 4 à 5 millions.

Les besoins de l'Etat, la suppression d'autres impôts

---

(1) Ainsi le terme moyen de leur traitement sera 1500 liv. Un grand nombre sera au-dessous de ce taux : cette remise doit les indemniser de leur cautionnement, de leur travail et de leurs frais de bureau.

(2) La commission a examiné s'il ne seroit pas possible de confier à la régie des droits d'enregistrement la conservation des hypothèques ; mais elle a reconnu que cet établissement étoit trop important, qu'il exigeoit trop de soins et de responsabilité, sur-tout si l'on adopte le système cédulaire, pour ne pas former un établissement particulier : la régie elle-même a partagé cette opinion.

plus onéreux pour la classe laborieuse des citoyens, exigent impérieusement une amélioration dans cette partie des revenus publics.

Les droits à percevoir au profit du trésor public, sont :

1°. Le droit d'un et demi pour cent du prix des ventes, dû en exécution de l'art. 65 pour purger les hypothèques et acquérir la propriété incommutable ; on l'évalue par apperçu à • • • • • • • • • • • • • 4,500,000 liv.

2°. Un quart pour cent sur le montant des créances énoncées au bordereau d'inscription conférant l'hypothèque, conformément à l'article 29 du code. On estime qu'il peut produire • • • • • • • 2,500,000

3°. Droit cédulaire sur le pied d'un demi pour cent par an du montant de chaque cédule, en exécution de l'art. 189, évalué à la somme d'environ • • • • • 1,500,000

4°. Le huitième des salaires fixés par le tarif pour les conservateurs, et réservé par l'article 157, ci • • • • • • • • • • 150,000

TOTAL • • • • • • • • • • 8,750,000 liv.

Tels sont les principaux changemens que nous avons faits à la loi du 9 messidor. Il en est une foule d'autres que nous nous dispenserons de rappeler, parce que leur justice se fait sentir à la simple lecture.

Chargés de simplifier et améliorer le code hypothécaire, nous avons fait disparoître toutes les objections reconnues justes ; nous avons sur-tout tâché de mettre plus d'ordre dans l'ensemble, plus de clarté et de précision dans la rédaction. La loi a été réduite d'un tiers (1).

Le résultat du nouveau régime sera de prévenir les dols et les procès naissans de l'obscurité des hypothèques, de rendre les propriétés certaines sur la tête des

____

(1) Nous aurions desiré pouvoir la réduire encore plus ; mais nous devions présenter un régime hypothécaire complet. Des lois réglementaires exigent des détails.

acquéreurs, de faciliter les transactions civiles, en environnant d'un grand jour la probité, trop souvent victime de la mauvaise foi, et de ramener par la confiance le numéraire dans la circulation.

C'est l'incertitude qui force le capitaliste à resserrer ses fonds. Supposez le code hypothécaire en activité : je veux prêter ou acheter ; j'ouvre le livre des hypothèques, et, je contracte avec confiance, et en pleineconnoissance de cause, sous la garantie de la loi.

SECONDE PARTIE.

Du crédit cédulaire et de son influence sur le corps politique.

Les commotions profondes, inséparables d'une grande révolution ; une guerre de cinq années, entreprise pour la défense de la liberté, et suivie des plus brillans succès, ont tari les sources de la richesse publique. Les dépenses extraordinaires se sont accumulées, les besoins de l'état sont devenus dévorans, le crédit public est anéanti.

Ces maux ne seront que passagers, sans doute ; il reste au peuple français le bien le plus précieux, la liberté et de grandes ressources.

Mais le législateur prévoyant doit faire cesser un état de crise qui ne pourroit se prolonger sans produire les plus affreux désastres.

S'il est un moyen de restaurer nos finances, de relever le crédit public et particulier, de ramener le numéraire dans la circulation, de l'y suppléer d'une manière efficace, et de donner tout leur essor à l'agriculture et au commerce, c'est l'introduction du crédit cédulaire.

Hâtons-nous de développer un système qui doit produire de si heureux effets, en fondant la prospérité publique sur les fortunes particulières et sur la masse incalculable des richesses territoriales.

Tout propriétaire d'immeubles réels a la faculté de

prendre crédit sur lui-même, par la voie des cédules hypothécaires, pour un temps non excédant cinq années.

Il ne peut être délivré de cédules que jusqu'à concurrence des *trois quarts* de la valeur libre des biens ruraux, et seulement pour la *moitié* de la valeur des usines, maisons et bâtimens. Cette valeur est estimée contradictoirement avec le conservateur des hypothèques, qui en reste garant.

La *cédule* forme un titre exécutoire contre celui qui l'a souscrite, pour être payée à son échéance.

Elle confère une hypothèque spéciale sur des biens territoriaux dont la valeur, libre de toute autre dette, égale le montant de la cédule, et un quart en sus.

Elle est transmissible par la voie de l'endossement nominatif à ordre.

Enfin, la cédule a subsidiairement pour garant de sa valeur le cautionnement du conservateur des hypothèques qui l'a délivré.

D'après ces notions, la cédule hypothécaire est un effet de commerce de la nature des lettres-de-change ou billets à ordre : mais il leur est supérieur en ce que, 1°. elle forme un titre exécutoire, caractère précieux dont ils sont privés ; 2°. sa valeur, au lieu de reposer sur la confiance que méritent le tireur et les endosseurs, repose sur un immeuble réel qui garantit la certitude du paiement.

La cédule hypothécaire tient aussi de la nature des titres de créance portant hypothèque privilégiée ; mais elle en diffère essentiellement en ce que, 1°. la créance privilégiée peut très-bien absorber la valeur du gage, tandis que la cédule doit toujours en laisser un quart libre de toute hypothèque.

2°. Le privilége n'a pour gage que la chose même, au lieu que la cédule est garantie de plus par le cautionnement du conservateur des hypothèques.

Ainsi donc la cédule hypothécaire est le placement de fonds le plus sûr et le plus disponible.

L'argent attire l'argent. Dans ce mot est le secret de faire revivre la circulation des espèces. Pour faire rentrer l'argent qui est sorti, il faut ressusciter le commerce ;

merce; pour faire reparoître l'argent qui est enfoui, il faut rappeler la confiance.

La cédule remplira éminemment ce double objet, de ranimer le commerce, et de rappeler la confiance.

Cette valeur, mise dans la circulation, est susceptible d'y être escomptée; elle y sera reçue volontairement pour monnoie, et en remplira les fonctions comme la lettre-de-change, sous la déduction de son escompte.

Il est même évident que la cédule hypothécaire, par la garantie infaillible qu'elle présente, l'emportera sur toute sorte de papier de confiance ou lettre-de-change. Les précautions prises pour assurer son remboursement lui donnent, en quelque façon, *un degré de fin* égal à celui de l'argent qu'elle représente; elle deviendra monnoie comme l'argent même, dans toute transaction ayant quelque importance.

Les avantages qui découleront de ce système sont inappréciables; les principaux sont : 1°. de ramener le numéraire dans la circulation, et de l'y suppléer efficacement;

2°. De diminuer l'intérêt de l'argent;

3°. De favoriser le commerce et l'agriculture;

4°. De relever le crédit public, en améliorant le crédit particulier.

§. Ier.

La cédule ramenera le numéraire dans la circulation, et l'y suppléera.

Il est certain que les événemens de la révolution ont fait disparoître une grande partie du numéraire qui circuloit en France en 1789, et qu'on évaluoit alors à deux milliards cinq cents millions.

On varie sur la quotité qui reste en circulation; les uns la réduisent aux deux tiers de cette somme, d'autres beaucoup au-dessous.

Quoi qu'il en soit, toujours est il vrai que nous éprouvons une pénurie calamiteuse de numéraire; son absence se fait sentir d'une manière alarmante et paralyse l'agriculture et le commerce.

Projet de code hypothécaire. *b*

La preuve en existe dans l'usure exorbitante que
capitaliste retire de ses fonds. (1).

Il est temps de mettre un terme à cette usure effré
qui, en démoralisant le peuple, l'entraîneroit à
ruine certaine. Il faut, jusqu'à ce que la circulation
numéraire soit rétablie, pourvoir d'une autre manié
à la solde des transactions sociales. Les besoins urge
du trésor public, et l'intérêt du commerce, sollicite
également un signe supplétif.

La France a fait la triste expérience du papier monnoie. Si cette mesure désastreuse a soutenu pendant
quelque temps le crédit public, elle a renversé les for
tunes particulières : elle est désormais usée.

La cédule hypothécaire est le remède qu'il convient
d'employer. Cette monnoie fictive, garantie par un gag
certain et inaltérable, est la seule qui puisse suppléer
remplacer le numéraire métallique ; elle seule peut inspi
la confiance et ramener dans les transactions civiles l'an
tique loyauté et la probité disparues.

Sans avoir aucun des inconvéniens du papier mon
noie, la cédule en a tous les avantages. Ce n'est poin
ici un papier émis par le gouvernement avec profusion
qui s'avilit sous son propre poids, et dont chaque
émission altère et dénature le gage. C'est une obligation
mise en circulation par un citoyen propriétaire, et assis
sur un gage spécial et inaltérable.

Un des avantages inappréciablés de la cédule, c'e
que la quantité qui sera mise en circulation ne pourra
jamais excéder les besoins réels du commerce. Elle
cesseroit d'être utile à celui qui la souscriroit, si
lui ou un tiers ne trouvoit l'occasion de la réalise
dès-lors l'engagement ne sera pas contracté. La quantit
des cédules circulantes se nivellera d'elle-même ave
les besoins du service.

Ainsi les cédules, par la confiance qu'elles inspireront,

---

(1) Il est notoire que l'intérêt de l'argent s'est élevé jusqu'à soixante
et quatre-vingts pour cent, en prêtant même sur gage. La confiance, en
se rétablissant, a fait baisser l'agio.

mmencront le numéraire dans la circulation, et par leur nature elles en feront elles-mêmes les fonctions. Elles circuleront librement et serviront à toutes les spéculations industrielles et commerciales. Simples effets de confiance, on ne sera point forcé de les accepter ; mais leur solidité indubitable leur assurera autant de crédit que le coin du souverain en imprime à la véritable monnoie.

§. I I.

Le crédit cédulaire fera baisser l'intérêt de l'argent.

Les principales causes qui occasionnent la hausse de l'intérêt de l'argent, sont la rareté du numéraire et l'incertitude du remboursement. Les causes contraires amènent la baisse.

Or il est certain que les cédules, faisant fonctions de lettres-de-change dans le commerce, et étant reçues comme argent dans toute transaction de quelque importance, augmenteront nécessairement la masse du numéraire circulant.

D'autre part, la cédule ayant l'avantage d'être exécutoire, de porter avec soi le constat de la solvabilité de l'emprunteur, offre au prêteur une garantie plus sûre, une certitude de remboursement qu'il ne rencontre pas dans la lettre-de-change.

Ces deux causes réunies doivent donc produire la baisse de l'intérêt.

Nous n'insisterons pas davantage sur ce point qui se trouve d'ailleurs parfaitement établi dans un écrit intitulé : *Développement du régime hypothécaire*, par le citoyen *Jollivet*, où il réfute toutes les objections faites au contraire.

§. I I I.

Ce systéme favorisera le commerce et l'agriculture.

Cet effet est la conséquence naturelle d'une plus grande

abondance de numéraire, de la baisse de l'intérêt, sur-tout de la solidité qu'offre la cédule.

La cédule, devenue une fois intermédiaire dans les transactions commerciales, donnera au commerce qu'elle alimentera, une *sûreté* que ne présente aucun pays où elle n'est pas en usage.

Cette sûreté dans le commerce entraînera *le bon marché* dans les achats, et offrira les mêmes résultats dans les reventes.

Par les mêmes raisons, notre commerce dans l'étranger pourra s'y faire au rabais : cet avantage le rendra supérieur à celui des nations voisines, et nous conserverons cette supériorité sur les autres peuples commerçans, tant qu'ils feront usage de lettres-de-change, et qu'ils courront les hasards qui leur sont attachés.

Ainsi, les négocians français obtiendront la préférence dans tous les marchés de l'Europe, par la solidité de leurs cédules hypothécaires, et la facilité de les escompter. L'acquéreur qui offre un paiement plus solide est préféré par tous les vendeurs, et achète à meilleur marché. Nos manufactures enleveront donc, dans toutes les contrées, les matières premières ; et bientôt la balance, qui est contre nous, sera en notre faveur.

Le commerce ne sauroit fleurir sans vivifier l'agriculture. C'est ainsi que tout est lié dans un système bien ordonné : celle-ci sera donc améliorée par un commerce plus prospère ; mais elle trouvera un avantage plus direct dans les cédules.

L'agriculteur qui a éprouvé un désastre, celui qui veut améliorer ses fonds, ou établir des ateliers productifs, cherche en vain des ressources autour de lui. Ignoré dans les champs, éloigné des communes populeuses qu'habite la fortune, il seroit repoussé par l'homme riche qui ne le connoît point, ou pressuré par l'usurier. Aujourd'hui il trouvera ses ressources en lui-même, au moyen des cédules hypothécaires qui constateront sa solvabilité. Le même champ qui le nourrit fécondera encore ses spéculations commerciales.

Représentans du peuple, s'il est des départemens qui

doivent fixer plus particulièrement votre attention, et qui ont sur tout besoin de ce moyen régénérateur, ce sont les malheureux départemens de la Vendée.

Ravagés par la guerre civile pendant cinq années, dévastés par la flamme et le fer ces pays naguère si fertiles, n'offrent plus que des ruines et des cendres. comment rétablir ces ateliers, ces métairies, ces fermes incendiées ? Par quels moyens se procurer les bestiaux et les instrumens nécessaires à l'exploitation ?

Et si tous les habitans de la Vendée, ou la majeure partie d'entre eux ont éprouvé le même sort, quel est celui d'entre eux qui pourra secourir son voisin ?

Dans cette détresse générale, il n'est pour eux qu'une ressource efficace : faire céduler les valeurs libres de leurs immeubles, répandre au loin ces cédules dans les cités opulentes, et se procurer ainsi les moyens nécessaires pour rétablir leurs possessions dévastées.

Nos colonies des deux Indes réclament avec instance l'établissement de ce système régénérateur. Leur vœu vous est manifesté par leurs représentans au Corps législatif.

Quels pays ont plus souffert que nos colonies, des suites de la guerre et de la révolution ! Il n'est aucune crise révolutionnaire qui n'ait produit une réaction funeste et sanglante dans ces contrées lointaines.

Voulez-vous réparer promptement tant de maux ? Procurez aux colons, par une loi bienfaisante, les moyens de faire constater leur solvabilité, de créer des cédules privilégiées en faveur de ceux qui leur avanceront les sommes nécessaires pour reconstruire leurs habitations dévastées, remonter leurs ateliers, et bientôt l'agriculture et le commerce reprendront, sous l'influence de la liberté, une supériorité qui fera le bonheur de nos colonies et le désespoir d'une puissance rivale.

La cédule hypothécaire franchira l'intervalle des mers qui sépare les colonies de la métropole ; elle viendra dans nos ports réchauffer la confiance du capitaliste, en dissipant les nuages qui couvroient la solvabilité du colon ; elle ranimera son industrie, son ambition ; il se détachera de son or, et sa spéculation commerciale tournera au profit des deux mondes.

Projet de code hypothécaire.   *b iij*

Fortement pénétrée des entraves qu'apporte au com
merce des colonies la difficulté de constater et fair[e] d
connoître en France les fortunes et les propriétés de[s] [?]
habitans des colonies, et des avantages inapprécia[bles] d
qu'elles retireront du crédit cédulaire, votre commiss[ion]
vous propose des mesures pour approprier aux colon[ies] [?]
le nouveau régime hypothécaire.

Les localités ont exigé des modifications qui sont dé
veloppées dans le titre V.

§. IV.

De l'influence du systéme cédulaire sur le crédi[t]
public et particulier ; création spontanée de ban-
ques territoriales.

Le crédit public ne peut être séparé du crédit parti
culier. Tout ce qui améliore le crédit particulier tend
nécessairement à relever le crédit public : c'est l'aisance
de chaque citoyen qui compose la fortune publique.

Nous avons déja prouvé que le systême cédulaire
devoit augmenter la masse du numéraire circulant,
faire baisser l'intérêt de l'argent, et favoriser l'agriculture et le commerce.

Tous ces effets doivent nécessairement améliorer le
crédit public et particulier, et sont déja par eux-mêmes
un grand bien.

Mais le systême cédulaire peut offrir dans ses déve
loppemens de plus grands avantages pour le crédit pu
blic et particulier.

Tout porte à croire qu'à l'instant où les cédules com
menceront à circuler, il se formera naturellement, et
par la force des choses, des compagnies de commerce
ou *des banques territoriales*, qui offriront l'assurance
du remboursement de la cédule, moyennant le bénéfice
d'une légère commission.

On objecteroit en vain que le délai pour la vente
judiciaire de l'immeuble servant de gage à la cédule
s'opposeroit à la formation de ces compagnies : on sait
que, toutes les fois que le commerce peut calculer se

rentrées, il se livre volontiers aux spéculations ; et, d'après le nouveau mode d'expropriation forcée, soixante jours seroient l'époque la plus reculée du recouvrement de ses fonds.

D'après cela, plus de doute sur la formation de ces compagnies, qui trouveroient à la fois *sûreté et bénéfice* dans leurs spéculations sur les cédules hypothécaires.

Il y a plus : ces deux motifs exciteront la concurrence, et alors le service se fera au rabais dans tous les départemens de la République.

Si, d'un côté, l'appât du bénéfice détermine la formation de ces sociétés ; de l'autre, en offrant aux propriétaires de faire pour eux le remboursement de leurs cédules à l'échéance, les sociétés soutiendroient le prix de la cédule à sa vraie valeur, et elle n'aura de perte à supporter que celle qui provient d'un effet à terme.

Le propriétaire, en renouvelant sa cédule à l'échéance, et tenant compte des frais de commission et d'escompte, remplira toujours parfaitement la société de commerce qui se sera chargée de le rembourser ; et c'est ce qui arrivera le plus communément.

Par ce moyen, le débiteur qui ne possède que des domaines, verra sans effroi approcher le terme du paiement de sa cédule. Il sera libre, en la renouvelant, de choisir pour son remboursement le moment le plus opportun pour lui.

D'un autre côté la cédule obtiendra, par l'intermédiaire de ces banques, le seul caractère qui lui manquoit pour la rendre bien supérieure à la lettre-de-change, celui d'être remboursée *à l'époque précise de son échéance*. Ainsi la cédule présentera un *usage aussi commode* que les lettres-de-change, une *garantie dans son gage plus sûre*, et une certitude de paiement à son échéance, *moins équivoque*.

C'est avec de pareilles valeurs que la Silésie a réparé plusieurs fois les malheurs de la guerre que la haine de la maison de Brandebourg et celle de la maison d'Autriche lui ont fait supporter, en voulant mutuellement s'en arracher la domination.

C'est à l'aide d'un pareil établissement de banque territoriale, connue en Prusse sous le nom *d'œuvre de crédit*, que l'agriculture a été portée dans ce pays au plus haut degré de perfection.

Les prêts sur hypothèques y sont recherchés à deux pour cent, tandis que l'argent, dans le commerce, se paie 4 pour cent.

La banque de Stockholm est une seconde preuve de la possibilité d'élever des banques territoriales sur la valeur réelle des propriétés immobiliaires.

Cette banque prête sur des propriétés immobiliaires, pour les *deux tiers*, et même pour les *trois quarts* de leur valeur libre. Depuis plus d'un siècle on y jouit de la bienfaisante influence de cette banque, qui a fourni aux propriétaires la faculté de faire l'extraction pénible de leurs mines. L'ancienneté de l'existence de ces banques prouve leur utilité : si elles présentent quelques vices, ils sont moins inhérens à leur essence, qu'ils ne sont des accidens réparables de leur constitution.

Je ne m'étendrai pas davantage sur ce point. Mon objet n'est pas de tracer l'organisation d'aucun projet de banque, mais seulement d'indiquer l'influence heureuse qu'auroient sur le crédit public et particulier, des banques fondées sur des cédules hypothécaires, libres et indépendantes de toute action du gouvernement.

Pour les faire naître, il ne faut aucun effort du gouvernement : ces compagnies se formeront naturellement et d'elles-mêmes, déterminées par la sûreté et les bénéfices de leurs spéculations.

L'utilité résultant de ces banques pour les transactions particulières, est démontrée ; quant à l'avantage direct que pourroit en tirer le gouvernement on conçoit qu'il y trouveroit de grandes ressources dans des momens de besoin.

Ainsi, par exemple, pour le paiement du dernier quart du prix des domaines nationaux, combien il lui seroit facile d'en accélérer la rentrée dans le trésor public par l'intermédiaire de ces compagnies ! leur concurrence rendroit le succès de l'opération plus certain et moins dispendieux.

Quel parti avantageux ne tireroit-on pas des domaines

nationaux restant à vendre ? Les mettre à l'enchère ; stipuler le prix en valeurs métalliques ; accorder des termes plus ou moins rapprochés ; exiger des acquéreurs des cédules ou promesses de paiement portant intérêt ; les négocier suivant l'urgence du besoin ; ou enfin, substituer à ce mode telle autre combinaison plus avantageuse au trésor public.

Nous terminerons en réfutant quelques objections faites contre le système cédulaire. On a dit :

1°. Ce système, par la *facilité* qu'il donne d'emprunter, favorisera l'émigration, la dissipation, et le caprice d'un père qui répugne à l'égalité des partages.

Observons d'abord que reconnoître qu'il naîtra du nouveau système une grande *facilité* d'emprunter, c'est convenir qu'il procurera un avantage précieux en économie politique. En effet, c'est un principe reconnu que la nation la plus riche est celle où les citoyens font l'usage le plus fréquent du prêt à intérêt, puisqu'alors il en résulte que l'industrie et le commerce, agissant avec toute la masse du numéraire circulant dans cet état, y doivent donner les plus grands produits.

D'autre part, le système cédulaire ne fournira aucuns moyens nouveaux à celui qui veut émigrer, dissiper son bien, ou en disposer en fraude de la loi. Tous ces inconvéniens existent dans l'état actuel des choses. La loi ne reconnoît-elle pas valides les actes authentiques passés avant l'émigration ? Qui empêche le père de famille de vendre ses biens et de disposer du prix à son gré ? Le dissipateur y trouvera un avantage ; il ne sera plus victime de l'avide usurier : une cédule lui procurera des fonds au plus bas taux possible.

Enfin, ce ne seroit pas une raison de rejetter un établissement utile, parce que quelques hommes immoraux pourroient en abuser. Le législateur doit s'élever au-dessus de ces légers inconvéniens, et ne considérer que les résultats en grand.

Deuxième objection. — Ce système tend à mettre en circulation les trois quarts des valeurs territoriales ; cette abondance excessive de signes produira les effets les plus désastreux.

Sans doute il faudroit se hâter de proscrire le système cédulaire, s'il devoit procurer une circulation désordonnée de signes monétaires. Mais on l'a déja dit :

Il n'en est pas d'un papier volontaire émis par les particuliers, comme d'un papier forcé émis par le gouvernement. Un des avantages inhérens au papier volontaire qui fait le service du numéraire fictif, est de ne pouvoir jamais surpasser la quantité de ce que le besoin exige. On ne cédulera point sans nécessité et sans la certitude de réaliser sa cédule ; il en sera des cédules comme des lettres de change : les besoins seuls du commerce en détermineront la quotité nécessaire à la circulation, comme ils sont, dans les temps ordinaires, les régulateurs des lettres de change.

Mais il y a cette différence que, dans les temps de trouble, où la confiance et le numéraire se resserrent, les lettres de change ne suffisent plus aux besoins du commerce, parce qu'alors elles sont bornées aux moyens réels et personnels du négociant ; au lieu que les cédules reposant sur un gage certain et immense, ne connoîtront d'autres bornes que les besoins du commerce.

En deux mots, celui qui conçut la grande et belle idée de mettre en circulation une portion de nos richesses territoriales par la voie des cédules hypothécaires, trouva la solution de cette question importante qu'il étoit impossible de résoudre, selon un célèbre auteur : *Quel est, dans un état quelconque, le moyen d'établir une proportion satisfaisante entre la masse de son numéraire réel ou fictif, et celle de ses besoins et de ses affaires ?*

Hâtez-vous, représentans du peuple, d'adopter et de perfectionner un système qui doit fonder la prospérité publique sur la solide base de nos richesses territoriales.

PROJET DE LOI

PROJET DE LOI

SUR

LE CODE HYPOTHÉCAIRE.

LE Conseil des Cinq-cents, considérant que l'intérêt public sollicite depuis long-temps l'établissement d'un nouveau régime hypothécaire uniforme pour toute la République, facile dans son exécution, qui, en assurant au créancier le remboursement de sa créance, à l'acquéreur les moyens de se libérer valablement, conserve au débiteur tout le crédit dont il est susceptible, et remplace les formes compliquées des *saisies-réelles* par un mode plus simple de vente judiciaire ;

Déclare qu'il y a urgence.

Le Conseil, après avoir déclaré l'urgence, prend la résolution suivante :

TITRE PREMIER.

CHAPITRE PREMIER.

Principes sur les hypothèques.

ARTICLE PREMIER.

L'hypothèque est un droit réel sur les biens du débiteur obligé par acte de la jurisdiction volontaire ou contentieuse.

A

2. En quelques mains que la chose grevée d'hypothèque soit passée, le créancier hypothécaire a droit de la suivre, et, à défaut d'exécution des obligations stipulées ou prononcées à son profit, de la faire vendre dans les formes prescrites par la loi, et d'en toucher le prix jusqu'à concurrence du montant de ses créances hypothécaires, suivant leur ordre de priorité.

3. Le consentement formel des créanciers hypothécaires est nécessaire pour faire passer leur hypothèque d'une propriété sur l'autre. Les échanges, permutations et expropriations semblables, ainsi que les partages ou licitations de biens indivis, provenus à autre titre que celui d'hérédité, ne peuvent produire cet effet.

4. Il n'y a d'hypothèque que celle résultante d'acte de la jurisdiction volontaire ou contentieuse, inscrit dans des registres publics.

5. Néanmoins les jugemens rendus dans les dix jours antérieurs à la faillite, banqueroute ou cessation publique de paiement d'un commerçant, ne sont point susceptibles de conférer hypothèque.

6. Les condamnations obtenues contre l'héritier bénéficiaire ou le curateur à la succession vacante ne sont pareillement susceptibles de conférer hypothèque sur les biens de l'hérédité.

7. Les créanciers du défunt n'obtiennent hypothèque sur les biens personnels de l'héritier pur et simple que par un nouveau titre volontaire ou forcé duement inscrit.

8. Quant aux actes publics passés hors du territoire français, ils sont privés de la faculté de conférer hypothèque, sauf l'exécution des traités avec les puissances étrangères.

9. La loi ne reconnoît plus d'hypothèque indéfinie

excepté contre les comptables de deniers publics, les tuteurs et curateurs; en conséquence tout acte portant obligation doit en déterminer le montant, à défaut de quoi il ne peut conférer hypothèque.

CHAPITRE II.

Des biens susceptibles d'hypothèque.

10. Sont seuls susceptibles d'hypothèque :

1°. Les biens territoriaux étant dans le commerce, Ensemble leurs accessoires inhérens ou établis à perpétuelle demeure ;

Les fruits non recueillis,

Les bois non coupés,

Et les services fonciers ;

2°. L'usufruit des mêmes biens, pour le temps de sa durée ;

3°. La jouissance des mêmes biens, résultant seulement de baux emphytéotiques.

11. A l'égard des biens meubles, ils ne peuvent être l'objet d'aucune hypothèque, sans préjudice toutefois du droit de suite pour cause de revendication, et des priviléges accordés par les lois pour fermages, loyers, frais de dernière maladie, et autres causes.

CHAPITRE III.

Des personnes sur les biens desquelles l'hypothèque peut être acquise.

12. Tout citoyen, s'il est majeur, a droit d'hypothéquer ses biens présens et à venir, sauf l'exécution des lois sur l'aliénation des biens dotaux.

13. A l'égard des majeurs interdits, des mineurs émancipés ou en tutèle, leurs biens ne peuvent être hypothéqués que sur avis de parens, ou conseil de fa-

mille, pour les causes et dans les formes établies par les lois.

CHAPITRE IV.

Des hypothèques privilégiées.

14. Il y a hypothèque privilégiée :
1°. En matière de contribution foncière, pour une année échue et celle courante ;
2°. Pour ce qui seroit dû sur le prix de l'immeuble au vendeur ou au tiers subrogé, par acte authentique, dans les droits du vendeur ;
3°. Pour les rentes purement foncières et leurs capitaux, sur le prix du fonds sujet à la rente ;
4°. Pour la soulte et la garantie dues par un copartageant sur les immeubles de son lot.

15. Il y a pareillement privilège, mais seulement sur la valeur des constructions, réparations et améliorations de la propriété, constatées suivant les formes admises à cet égard, en faveur des ouvriers qui les auront faites, ou des prêteurs qui les auront soldées avec subrogation.

16. Dans le cas de dégradations survenues par le fait de la guerre, incendie, ou force majeure quelconque, duement constatées, le privilège énoncé en l'article précédent aura lieu aussi sur le sol jusqu'à concurrence du quart de la valeur du sol, par préférence à tous autres créanciers, excepté le vendeur ou le subrogé à ses droits.

CHAPITRE V.

Du rang et de l'ordre des hypothèques.

17. Tout acte de la jurisdiction volontaire ou contentieuse, même le jugement susceptible d'opposition ou d'appel, donne hypothèque du jour de sa date, s'il est

inscrit dans le mois ; ce délai passé, l'hypothèque n'existe
et n'a rang que du jour de l'inscription du titre.

Dans le cas de la réformation totale du jugement,
l'hypothèque cesse d'avoir lieu.

18. A défaut par le créancier privilégié de faire inscrire son titre dans le mois de sa date, il ne prend
également hypothèque que du jour de l'inscription, et
le privilège cesse d'avoir lieu à l'égard des créanciers
antérieurs à son inscription.

19. Les arrérages des rentes foncières et constituées,
perpétuelles ou viagères, les intérêts des capitaux qui
en produisent, n'obtiennent hypothèque que pour deux
années et le terme courant.

20. A l'égard des frais et dépens, ils n'ont hypothèque
que par l'acte de la jurisdiction volontaire ou contentieuse qui en arrête la liquidation.

CHAPITRE VI.

De l'extinction de l'hypothèque.

21. L'hypothèque s'éteint,
Par la renonciation expresse du créancier,
Par le paiement volontaire ou forcé de la dette,
Par la novation,
Par la prescription.

CHAPITRE VII.

Du constat de solvabilité.

22. Il est loisible à tout propriétaire de biens immeubles
d'en faire constater la nature et la valeur, contradictoirement avec le conservateur des hypothèques de leur
situation.

TITRE II.

CHAPITRE PREMIER.

Du mode de conserver les hypothèques.

23. Tout créancier hypothécaire soit privilégié, soit simple, et tout cessionnaire de pareilles créances, sont tenus, pour conserver leurs priviléges et hypothèques, de faire inscrire leurs titres au bureau de la conservation des hypothèques dans l'étendue duquel les biens grevés se trouvent situés.

24. Les actes passés hors le territoire de la République qui, aux termes des traités, seroient susceptibles de conférer hypothèque en France, sont également sujets à l'inscription.

25. Sont pareillement tenus les ayant droit à la nue-propriété de biens immeubles grevés d'usufruit, ou donnés à bail emphytéotique, ou à ferme, de requérir l'inscription du titre pour raison des indemnités qu'ils pourroient avoir à répéter, lors de la cessation de la jouissance ; sans néanmoins que la quotité pour laquelle l'hypothèque seroit requise par le bordereau, puisse excéder la valeur de deux années du produit net desdits biens, à moins que les indemnités n'aient été fixées par acte de la jurisdiction volontaire ou contentieuse.

26. Les créanciers en sous-ordre ont la faculté de former opposition sur les créances hypothécaires inscrites de leurs débiteurs. En cas de négligence de la part de ces derniers, ils peuvent requérir l'inscription de la créance originaire, en tout ou en partie.

27. Les inscriptions de créances et d'oppositions en sous-ordre sont faites, soit par le créancier lui-même, soit à la réquisition d'un tiers déclarant agir pour lui,

sur bordereaux doubles écrits sur papier timbré , contenant 1°. les noms , profession et domicile du créancier ; 2°. ceux du débiteur ; 3°. la nature et la date du titre ; 4°. le montant de la créance en principal et intérêts , ainsi que les frais du titre , lorsqu'ils seront dus , en distinguant chaque objet ; 5°. l'époque de l'exigibilité tant des capitaux que des intérêts.

28. L'original du bordereau est enregistré , soit avant l'inscription dans l'un des bureaux des droits d'enregistrement , soit dans les trois jours qui la suivront , au bureau le plus voisin du conservateur.

29. Il est perçu , pour droit d'enregistrement , un quart pour cent du capital de la créance énoncée au bordereau.

Ce droit , pour les baux à ferme ou loyer , ne sera calculé que sur une année du produit.

3o. Le bordereau enregistré demeure au conservateur. Le double sera rendu au requérant , après que le conservateur y aura fait mention tant de l'inscription que de l'enregistrement.

Ce double bordereau peut être dressé en marge du titre.

31. Tout requérant inscription directe ou en sousordre est tenu d'élire domicile dans l'arrondissement du bureau des hypothèques.

Il peut le changer par déclaration sur les registres du conservateur.

32. Les demandes et actions auxquelles les inscriptions donneroient lieu seront intentées au domicile élu.

33. Les frais des inscriptions directes ou en sousordre sont à la charge des débiteurs , et forment un accessoire de la créance , sans avoir besoin d'autre liquidation que celle résultant de la quittance du conservateur : ils sont exigibles à l'échéance des intérêts courans.

A 4

Néanmoins le créancier ne peut répéter les frais d'inscriptions pour les bureaux dans lesquels son débiteur ne posséderoit alors aucune propriété foncière, ni de celles susceptibles de radiation ou de réduction dans les cas prévus par l'article 39 ci-après.

34. L'inscription des hypothèques dure dix années, et cesse d'avoir lieu si elle n'est renouvelée avant l'expiration de ce délai.

L'inscription des oppositions en sous-ordre cesse avec celle de la créance directe.

35. L'inscription peut être renouvelée dans les trois dernières années du temps qu'elle avoit encore à subsister. Dans ce cas, l'époque de sa péremption décennale ne commence à courir que du jour où la première auroit cessé, à la charge néanmoins par le créancier, 1°. de déclarer dans son bordereau que celle requise est à titre de renouvellement; 2°. d'énoncer la date de l'inscription antérieure.

36. Néanmoins les inscriptions faites au profit des femmes mariées, à raison tant de leurs droits dotaux que de leurs créances sur les biens de leur mari, pourront s'étendre au-delà de dix années ; elles subsisteront pendant la durée entière du mariage, et même une année après.

Le bordereau nécessaire pour ces inscriptions n'est pas sujet à la formalité de l'enregistrement prescrite par l'article 28 ci-dessus.

L'inscription conserve la dot stipulée par le contrat, soit qu'elle ait été payée ou non, ainsi que les droits réciproques résultans des conventions matrimoniales; à cet effet le bordereau doit en contenir l'énonciation.

37. Le conservateur demeure garant de la conservation des hypothèques pendant la durée de leur inscription, pour tout ce qui est relatif à ses fonctions. Il n'est point responsable des suites qu'entraîneroit la désignation peu exacte faite par le créancier de la personne du débiteur.

38. L'hypothèque inscrite s'étend sur tous les biens présens ou à venir du débiteur, obligé ou condamné, situés dans l'arrondissement du bureau de la conservation des hypothèques où l'inscription a été faite.

39. Lorsque les biens du débiteur, situés dans l'arrondissement d'un ou plusieurs bureaux où l'inscription a eu lieu, sont suffisans pour répondre de la créance, le débiteur a le droit de faire supprimer ou réduire, aux frais du créancier, et contradictoirement avec lui, l'inscription de son hypothèque qui auroit été faite ailleurs.

40. Les biens du débiteur sont présumés suffisans, lorsque sur leur capital ou prix vénal il reste un quart libre de toute hypothèque, en sorte qu'une créance de 15,000 francs ait un gage de 20,000 francs.

41. Si l'inscription requise en un ou plusieurs bureaux n'offre point la sûreté déterminée par l'article précédent, il est loisible au créancier de former un supplément d'inscription dans tel autre bureau qu'il juge convenable, jusqu'à concurrence seulement de la somme nécessaire pour compléter son gage.

42. Toutes personnes ayant droit à une jouissance à titre d'usufruit ou de bail emphytéotique de biens et droits susceptibles d'hypothèque, sont tenues de faire inscrire leurs titres au bureau de la situation des biens, dans le mois de leur date; ce délai passé, l'usufruit répond subsidiairement des hypothèques qui seroient acquises avant l'inscription sur celui auquel appartient la nue propriété.

43. L'inscription n'est pas nécessaire pour la conservation des services fonciers actifs.

44. Les administrateurs de tous établissemens publics, ensemble les tuteurs et curateurs, sont responsables du défaut d'inscription dans les délais utiles, des créances et droits appartenans à la nation, aux mineurs, interdits et absens, ainsi qu'aux établissemens publics dont ils ont l'administration.

45. Les inscriptions au profit de la nation sont reçues, sans que les administrateurs soient tenus de faire l'avance d'aucuns salaires du conservateur ni des droits d'enregistrement, sauf le recours du conservateur et du receveur contre le débiteur.

Chapitre II.

Des hypothèques indéfinies.

46. Sont exceptées des dispositions portées aux §. IV et V de l'article 27, les inscriptions d'hypothèque au profit des mineurs, des interdits et des absens, sur leurs tuteurs ou curateurs, pour raison seulement de leur gestion, et celles au profit de la nation sur les comptables de deniers publics.

En conséquence, ces inscriptions peuvent être formées indéfiniment, et sans détermination du montant des créances et droits qu'elles ont pour objet de conserver.

47. L'hypothèque sur les biens des comptables publics et privés, désignés en l'article précédent, remonte à l'époque de leur nomination, ou, s'il n'y en a point, à l'époque de leur entrée en exercice, lorsque, dans l'un ou l'autre cas, l'inscription a eu lieu dans le mois, faute de quoi l'hypothèque n'a rang que du jour de l'inscription.

48. La nation a privilége avant tous autres créanciers, sauf et excepté le vendeur ou le subrogé à ses droits, sur les immeubles acquis par les comptables de deniers publics, depuis leur nomination ou leur entrée en exercice, lorsque l'inscription faite sur eux au bureau de la situation des biens l'a été dans les délais utiles.

49. A l'avenir, tout comptable direct de deniers publics envers la trésorerie nationale sera tenu, sous peine de destitution, de rapporter, dans le mois de sa nomi-

nation , à l'autorité à laquelle il est immédiatement subordonné, l'inscription faite sur lui dans les bureaux de la conservation des hypothèques de son domicile, du lieu de son exercice , et de la situation de ses biens.

Il est pareillement tenu d'en justifier, dans le même délai , au commissaire du Directoire exécutif près l'administration centrale du département dans lequel il exerce ses fonctions ; à défaut de cette justification , le commissaire du Directoire exécutif est tenu de requérir, dans le mois suivant, lesdites inscriptions.

Les originaux des bordereaux servant à ces inscriptions indéfinies sont soumis à un droit fixe d'enregistrement de dix francs.

50. Les inscriptions sur les comptables directs envers la nation sont faites au nom de l'agent du trésor public.

51. Le conservateur des hypothèques et le receveur des droits d'enregistrement s'adressent directement aux comptables de deniers publics pour le paiement des salaires et droits dus pour les inscriptions requises sur ces derniers : la nation ni son agent n'en font point l'avance.

52. Les comptables directs au trésor public requièrent, pour leur sûreté , l'inscription sur leurs préposés comptables.

53. Les inscriptions au profit des mineurs, interdits et absens , sur leurs tuteurs et curateurs , sont faites à la requête de leurs subrogés tuteurs, et subsidiairement à celle d'un des parens ou amis appelés à l'élection, et ce, sous leur responsabilité.

Elles sont reçues gratuitement, tant pour le passé que pour l'avenir, et sans aucun recours de la part du conservateur.

Elles ne sont point soumises à la formalité de l'enregistrement prescrite par l'article 28.

54. Les commissaires du Directoire exécutif près les

administrations municipales , ensemble les conservateurs des hypothèques, peuvent d'office requérir ou faire les inscriptions , tant sur les comptables directs et autres débiteurs envers le trésor public , que sur les tuteurs et curateurs.

CHAPITRE III.

De la radiation des inscriptions.

55. Après l'extinction des hypothèques ou la cessation du droit de jouissance , le conservateur est tenu de faire la radiation de l'inscription , sur la justification du consentement des parties intéressées.

56. Si le conservateur des hypothèques a une connoissance suffisante des noms et qualités des personnes qui offriroient de donner sur son registre le consentement énoncé en l'article précédent , il peut, sous sa responsabilité individuelle, effectuer la radiation d'après ledit consentement : dans le cas contraire , le requérant est tenu de déposer extrait de l'acte authentique portant main-levée de l'inscription, ou de ceux établissant la cessation du droit de jouissance.

CHAPITRE IV.

De la revendication des biens territoriaux.

57. Il ne peut être statué sur aucune revendication de la propriété de biens immeubles , si la réclamation n'a été préalablement inscrite au bureau des hypothèques dans l'arrondissement duquel les biens sont situés.

58. Cette inscription doit contenir la nature, l'étendue et les confins des biens qui en sont l'objet.

Chapitre V.

De l'expropriation volontaire des biens immeubles, et du mode d'en purger les hypothèques.

59. Les actes translatifs de propriété d'immeubles peuvent être faits sous signatures privées, sauf l'exécution des lois relatives aux donations et à la perception du droit d'enregistrement ; néanmoins l'acquéreur ne peut être admis à purger les hypothèques qu'après la reconnoissance authentique de l'écrit privé.

60. Tout acte d'expropriation doit contenir la nature, les confins et l'étendue approximative des biens qui en sont l'objet.

61. En toute expropriation volontaire, celui au profit duquel elle est consentie ne peut en purger les hypothèques qu'en observant les formes prescrites par les articles 62, 66 et 67.

62. Il est tenu de déposer l'expédition du titre de propriété, dans le mois de sa date, au bureau de la conservation des hypothèques dans l'arrondissement duquel les biens sont situés ; faute de quoi les hypothèques, du fait de son auteur, antérieures au dépôt, et inscrites dans les délais utiles, sont valablement acquises sur les biens formant l'objet de l'expropriation.

63. Le conservateur fait mention du dépôt en marge du contrat.

64. Si le contrat a été déposé dans le mois de sa date, le conservateur délivre, à l'expiration dudit mois, l'extrait de toutes les inscriptions subsistantes à la charge de la propriété, ou le certificat qu'il n'en existe aucune. Dans le cas où le contrat auroit été déposé après le mois de sa date, l'extrait des inscriptions ou le certificat

négatif n'est délivré qu'à l'expiration du mois qui aura suivi le dépôt.

65. L'extrait des inscriptions, ou le certificat qu'il n'en existe aucune, mentionné en l'article précédent, ne peut être délivré qu'après avoir été enregistré, à la diligence du conservateur des hypothèques, au bureau le plus voisin.

Il est perçu pour cet enregistrement un droit d'un et demi pour cent du prix de vente.

66. Le nouveau possesseur est également tenu de payer, dans les deux mois du dépôt de son contrat, toutes les créances exigibles hypothéquées sur la chose aliénée, et celles non exigibles dans les deux mois de la sommation qui lui en seroit faite par le créancier.

67. Néanmoins, si le prix exprimé dans le contrat d'expropriation est insuffisant pour acquitter toutes les créances inscrites, l'acquéreur a la faculté ou de les solder intégralement, ou de provoquer, dans les deux mois qui suivent le dépôt de son contrat, l'adjudication de l'objet acquis, au plus offrant et dernier enchérisseur, suivant les formes prescrites ci-après pour les expropriations forcées.

68. L'acquéreur qui préféreroit de solder toutes les créances, est subrogé de droit aux priviléges et hypothèques des créanciers sur lesquels les fonds du prix de la vente auroient manqué.

69. Après le paiement de toutes les créances énoncées dans le certificat délivré en exécution de l'article 64, l'acquéreur devient *propriétaire incommutable* des objets compris en l'acte d'expropriation, sans néanmoins qu'il puisse prétendre, relativement à la propriété et aux services fonciers, plus de droits que n'en avoit le vendeur.

70. En cas de vente sur enchères, l'acquéreur peut

conserver l'immeuble, en offrant de parfournir le plus haut prix auquel il seroit porté, à la charge par lui de le déclarer avant la prononciation de l'adjudication définitive.

71. Il a recours contre son vendeur pour le prix excédant celui du premier contrat; néanmoins les frais de poursuite et adjudication sont supportés par l'acquéreur qui se rend adjudicataire.

72. Le tiers adjudicataire restitue à l'acquéreur les frais et loyaux coûts en sus du prix de l'adjudication.

73. A défaut par l'acquéreur de payer ou de poursuivre l'adjudication de la manière indiquée par les articles précédens, il n'est pas, à l'égard des créanciers hypothécaires, présumé propriétaire de la chose hypothéquée, et ils ont droit, nonobstant le dépôt du contrat, d'en poursuivre la vente sur leur débiteur, sans être tenus de former aucune demande en déclaration d'hypothèque, ni de faire aucune poursuite contre l'acquéreur.

Chapitre VI.

De l'expropriation forcée.

§. Ier.

De la poursuite.

74. Tout créancier hypothécaire dont la créance est exigible, ne peut poursuivre la vente de la chose hypothéquée qu'après vingt jours du commandement par lequel le débiteur aura été constitué en demeure de payer.

75. Ce commandement fait mention du montant de la créance en principal et accessoires exigibles, avec déclaration qu'à défaut de paiement il sera procédé en

justice à la vente au plus offrant et dernier enchérisseur de la chose hypothéquée.

Il est fait par le ministère d'un huissier, assisté de deux témoins, et signifié à la personne ou au dernier domicile connu du débiteur, avec copie entière du titre de créance.

76. Le créancier poursuivant est tenu d'élire, par le même acte, domicile dans l'arrondissement du bureau de la conservation des hypothèques où sont situés les biens dont il veut poursuivre la vente.

77. Dans le cas où la vente seroit poursuivie par un acquéreur, aux termes de l'article 67, le commandement sera remplacé par une sommation, faite dans les mêmes formes, au vendeur, de rapporter, dans les vingt jours, main-levée des inscriptions excédant le prix de la vente.

78. Le débiteur ne peut arrêter la vente de ses biens, même par des offres réelles faites au créancier poursuivant, si elles n'ont été acceptées par lui, ou si le montant de la créance légitime n'a été déposé entre les mains du trésorier du département, ou de son préposé, dans l'arrondissement du bureau de la conservation.

En cas de dépôt, la reconnoissance en est notifiée au poursuivant.

79. Avant toute affiche de biens à vendre, le créancier poursuivant est tenu, si fait n'a été par son débiteur depuis trois années, de faire et déposer, dans les formes prescrites par la loi, la déclaration foncière des biens dont il veut poursuivre la vente.

80. L'adjudication au plus offrant et dernier enchérisseur est publiée et annoncée par affiches et placards imprimés contenant :

1°. Les jour, lieu et heure où elle sera faite, ainsi que les officiers publics qui devront y procéder, sous peine de nullité ;

2°.

2°. La nature, la quantité superficielle et situation des biens à vendre;

3°. Les animaux servant à l'exploitation des terres, les instrumens aratoires, et autres accessoires inhérens à la propriété;

4°. La valeur capitale des immeubles énoncée en la dernière déclaration foncière, laquelle valeur servira de première enchère;

5°. Les noms, profession et domicile du débiteur, et ceux du poursuivant;

6°. Les conditions de l'adjudication.

81. Au moins dix jours avant l'apposition des affiches, notification du commandement est faite, en la même forme, à l'un des principaux fermiers ou locataires directs de la chose saisie.

82. L'apposition de l'affiche vaut saisie des biens qui en sont l'objet.

83. Elle est apposée, tant à l'extérieur du domicile du débiteur et des édifices saisis, qu'aux portes des administrations municipales de la situation des biens, et de la commune où est établi le bureau de la conservation des hypothèques, ainsi que dans les endroits de ces deux communes destinés à recevoir les affiches publiques.

Il en est remis en même temps dix exemplaires au conservateur des hypothèques, sur sa reconnoissance.

84. L'apposition des affiches est justifiée par un procès-verbal d'huissier, visé par l'agent municipal, ou son adjoint, de la commune où elle a eu lieu.

Néanmoins, dans les communes divisées en plusieurs administrations municipales, il suffit que le procès-verbal de l'huissier soit visé par l'un des officiers municipaux de l'arrondissement tant de la situation des biens que du bureau du conservateur, pourvu que le procès-verbal fasse d'ailleurs mention que les affiches ont été apposées dans les lieux indiqués par l'article précédent.

Projet de code hypothécaire.　　　　B

85. S'il existe un journal périodique du département, l'annonce de l'affiche y est faite par extrait, au moins dix jours avant l'adjudication.

86. Il ne peut y avoir moins d'un mois entre le dernier jour de l'apposition des affiches et celui indiqué pour l'adjudication.

87. En cas de revendication de tout ou partie des biens saisis, il y est statué contradictoirement entre le réclamant, le saisi et le poursuivant, à la requête de la partie la plus diligente, sans préjudice de la continuité des poursuites pour l'adjudication des objets non réclamés.

88. L'adjudication est faite par le juge de-paix de la situation du bureau de la conservation des hypothèques dans l'arrondissement duquel l'immeuble est situé.

89. Il est alloué au juge-de-paix, par chaque adjudication définitive, un seul droit de 5 francs pour les ventes dont le prix n'excède pas 1000 francs ; de 10 francs pour celles de 1000 francs à 10,000, et de 15 francs pour celles qui excéderoient 10,000 francs. Le greffier aura moitié de ces droits, outre les salaires de l'expédition.

90. Tout citoyen peut enchérir par lui-même ou par autrui. Il fait élection de domicile dans la commune où l'adjudication est poursuivie. Les enchères de ceux qui ne pourroient justifier, s'ils en sont requis, d'une cote d'imposition personnelle de 10 francs, ou d'une contribution foncière quelconque, ou contre lesquels il auroit déja été procédé à une vente sur folle enchère, pourront être refusées, à moins qu'ils ne déposent à l'instant même, entre les mains du greffier, le vingtième du montant de leur enchère.

91. Les conservateurs ont le droit d'enchérir pour autrui ; mais ils ne peuvent se rendre adjudicataires pour leur propre compte.

92. Les citoyens qui enchériront pour autrui ne peuvent être contraints à justifier de leurs pouvoirs; mais celui auquel les biens auront été adjugés est tenu de faire, entre les mains du greffier, qui en rédigera l'acte à la suite du procès-verbal de vente, sa déclaration en command, dans les trois jours de ladite adjudication, faute de quoi il sera présumé adjudicataire direct, et tenu en cette qualité de répondre personnellement à tous les droits et actions, soit des créanciers et autres intéressés, soit du trésor public.

93. Ceux qui se seroient rendus adjudicataires pour le compte du saisi ou de toute personne insolvable, en demeureront garans et responsables en leur propre et privé nom, nonobstant l'acceptation de la déclaration en command.

94. Les enchères sont reçues par le juge-de-paix et consignées sur le procès-verbal à fur et à mesure des offres. Lorsque personne ne se présente plus pour enchérir, il est allumé successivement des bougies préparées de manière que chacune ait une durée d'environ cinq minutes.

95. Si la première s'éteint sans qu'il ait été fait une enchère pendant sa durée, il en est allumé une seconde; et si pendant la durée des deux bougies, il ne survient aucune enchère, la chose est adjugée au dernier enchérisseur.

96. S'il y a enchère pendant la durée d'une des bougies, il en est allumé une autre, et ainsi de suite, jusqu'à ce que la dernière bougie se soit éteinte sans que pendant sa durée il soit survenu aucune enchère.

97. Ces enchères ne peuvent être moindres de 25 fr., lorsque la valeur capitale des biens à vendre se trouvera, suivant la déclaration foncière, au-dessus de 2,000 francs.

98. Dans le cas où personne ne couvriroit la première

enchère annoncée par l'affiche, le juge ordonne la remise de l'adjudication à vingt jours.

99. Il sera, dans le cas de l'article précédent, à la requête et diligence du poursuivant, procédé, sans délai, à l'apposition de nouvelles affiches, imprimées et rendues publiques au moins cinq jours avant l'adjudication définitive, dans la forme prescrite par les articles 80, 83, 84 et 85.

100. Si au jour indiqué il ne se présente personne pour couvrir la première enchère, le juge prononce l'adjudication définitive sur celle offerte, quoiqu'inférieure à celle annoncée par l'affiche.

101. Néanmoins, lorsque l'adjudication est poursuivie par un acquéreur dans le cas de l'article 67, elle ne peut être faite au-dessous du prix de la première vente, et l'acquéreur est tenu de le parfournir.

102. L'adjudicataire n'est chargé d'aucun des frais de la poursuite, sauf ceux du jugement d'adjudication définitive et autres postérieurs.

103. Tout jugement d'adjudication définitive est soumis aux droits d'enregistrement fixé par les lois pour les actes translatifs de propriété.

Il est en outre perçu, à cause de la purgation des hypothèques, un demi pour cent du prix, sauf, si l'adjudication est faite à un précédent acquéreur dans les cas prévus par les articles 70 et 101, la déduction de ce qu'il auroit déja payé pour le même objet en exécution de l'article 65.

104. Les formalités prescrites par les art. 74, 75, 76, 77 et 84, seront observées, à peine de nullité.

§. I I.

Des effets de l'adjudication.

105. L'adjudicataire est tenu de déposer, dans le mois de l'adjudication, expédition du procès-verbal de vente au bureau de la conservation des hypothèques de la situation des biens.

106. Après l'adjudication définitive, la partie saisie ne peut opposer aucuns moyens de nullité contre les poursuites judiciaires, ni interjeter appel du jugement d'adjudication, sauf son recours contre le poursuivant.
L'action en recours ne peut être admise si elle n'est intentée dans les trois mois de l'adjudication.

107. Dans les quarante jours de l'adjudication, l'adjudicataire est tenu d'en déposer le prix, avec l'intérêt légal, entre les mains du trésorier du département, ou de son préposé dans l'arrondissement de la situation des biens.

108. Ce dépôt effectué, l'adjudicataire devient *propriétaire incommutable* des objets compris en l'adjudication, et ne peut être tenu des dettes du saisi, ni des précédens propriétaires, en quelque sorte et sous quelque prétexte que ce soit.

109. Faute par l'adjudicataire d'effectuer le dépôt dans le délai ci dessus, et d'en justifier dans les trois jours de la sommation à lui faite par le poursuivant au domicile élu dans le procès-verbal des enchères, il est procédé contre lui, dans les mêmes formes et délais qu'à l'égard du saisi, à la revente et adjudication au plus offrant et dernier enchérisseur.

110. Si le prix de cette revente est inférieur au montant 1°. de la première adjudication, 2° des intérêts jusqu'au jour de la revente; 3°. des frais d'adjudication,

B 3

de contrainte et de poursuite contre le fol adjudicataire, le déficit demeure à sa charge personnelle : si le prix est supérieur, il a droit de toucher le surplus.

CHAPITRE VII.

Des ordres et distributions de deniers.

111. Il est procédé à l'ordre et distribution du prix de la vente par le juge-de-paix devant lequel l'adjudication a eu lieu. Il ouvre son procès-verbal à cet effet, dans les trois jours de l'adjudication.

112. De son côté, le conservateur des hypothèques dresse 1°. l'extrait certifié véritable, sous sa responsabilité, du livre de raison des hypothèques, comprenant toutes celles existantes sur l'immeuble adjugé ; 2°. le bordereau des frais à lui dus, suivant le tarif, pour ledit extrait ; et il remet le tout au juge-de-paix.

113. Aucune collocation de créanciers ne peut entamer le fonds de prélèvement destiné à pourvoir,

1°. Aux frais de poursuite, suivant la taxe qui en sera faite par le juge-de-paix sur le mémoire détaillé et appuyé de quittances fournies par le poursuivant dans les délais prescrits en l'article suivant ;

2°. A ceux de l'extrait du livre de raison des hypothèques, suivant le tarif ;

3°. Aux frais de consignation, suivant les lois qui en règlent la quotité ;

4°. Aux salaires attribués au juge-de-paix pour l'ordre et distribution, lesquels demeurent fixés par la présente loi, savoir, à 5 décimes par 100 francs du montant de toutes les créances hypothécaires venant en ordre utile, lorsque leur somme se trouvera au-dessous de 5000 francs ; à 4 décimes par 100 francs, depuis 5000 francs jusqu'à 20,000 ; à 3 décimes par 100 fr. depuis 20 jusqu'à 50,000 francs ; et à 2 décimes par

100 fr., pour toutes les sommes au-dessus de 50,000 fr., le tout indépendamment du papier timbré;

5°. Aux frais de notification du jugement d'ordre;

6°. Aux frais de radiation relatifs à chaque collocation, suivant le tarif;

Et finalement, aux salaires du greffier, qui demeurent fixés, compris l'expédition du jugement d'ordre et des mandats de collocation, à la moitié de ceux du juge de paix, outre les déboursés.

114. Pendant le délai du mois qui suit l'adjudication, les créanciers hypothécaires et autres intéressés ont la faculté de prendre communication, sans déplacer, du tableau d'ordre extrait du livre de raison. Ils sont tenus, dans le même délai, de remettre au juge-de-paix leurs titres de créance.

115. Ceux qui voudront contester l'ordre résultant du tableau, remettront, avant la clôture du procès-verbal de distribution, leur mémoire sur papier timbré, au juge-de-paix, qui en constatera le dépôt dans son procès-verbal.

116. Le créancier réclamant cite sommairement devant le juge-de-paix, dans les trois jours de la remise de son mémoire, les parties intéressées; faute de quoi il est procédé et passé outre à la distribution du prix entre ceux désignés pour venir en ordre utile.

117. Les contestations relatives à l'ordre et distribution sont vuidées sommairement par le juge-de-paix. Il y est fait droit par le jugement d'ordre, sauf l'appel devant le tribunal civil du département.

118. En aucun cas, ni sous aucun prétexte, les frais et dépens desdites contestations, adjugés à l'une des parties contre l'autre, ne peuvent être pris sur les deniers provenans de l'adjudication, même du consentement du saisi, tant qu'il reste des créanciers hypothécaires à colloquer sur le prix.

B 4

119. Le jugement d'ordre est signifié à tous les créanciers hypothécaires, au domicile élu, à la requête de la partie la plus diligente. L'appel n'est valable qu'autant qu'il est interjeté dans les dix jours de la signification, et notifié dans le même délai au greffe du juge de paix.

Il ne peut être délivré de mandats de paiement qu'après l'expiration de ce délai.

120. S'il y a appel dans les formes prescrites en l'article précédent, toute délivrance de mandats relatifs à la créance contestée et à celles postérieures demeure suspendue jusqu'à ce qu'il y ait été statué.

121. Celui au profit duquel la contestation aura été vuidée, se pourvoira ensuite devant le juge-de-paix pour en obtenir le mandat de paiement sur le dépositaire du prix.

122. Les mandats de paiement sont en double expédition et sur papier timbré.

123. La collocation y est détaillée ; elle comprend :

1°. La créance hypothécaire et ses accessoires ayant le même rang d'hypothèque ;

2°. Les salaires du juge-de-paix et de son greffier, relatifs à chaque collocation ;

3°. Les frais de radiation suivant le tarif ;

4°. Et les droits de consignation sur le tout.

124. Ces mandats sont remis aux parties prenantes, avec leurs titres et papiers, après qu'elles ont payé les salaires et déboursés du juge-de-paix et de son greffier.

125. Les parties prenantes remettent ensuite au conservateur le double du mandat signé d'elles, ensemble leurs titres et papiers pour faire la radiation des inscriptions.

126. Le conservateur fait mention sur les titres de

créance de leur collocation utile et de la radiation de l'inscription en tout ou partie. Il remet au débiteur les titres entièrement soldés, et rend aux créanciers ceux qui ne l'auroient été qu'en partie.

127. Le conservateur énonce la radiation de l'inscription sur l'autre double du mandat de paiement qui reste entre les mains du créancier pour en exiger le montant.

128. Le dépositaire des deniers est tenu de payer le mandat à sa présentation, sur l'acquit mis au bas, au moyen de quoi il demeure bien et valablement déchargé. En cas de refus, il est contraint par corps en vertu du mandat, sans délai, et nonobstant toutes oppositions.

129. Le juge-de-paix délivre les mandats de paiement pour les frais de poursuite et ceux de l'extrait du livre de raison, sans qu'il soit nécessaire d'attendre l'expiration du mois prescrit, à l'égard des autres créanciers, par l'article 114.

130. Le résidu du prix de l'adjudication appartient au saisi ; il le touche sur mandat du même juge-de-paix, s'il n'existe sur lui aucune opposition.

Chapitre VIII.

De la distribution des deniers aux créanciers en sous-ordre.

131. En cas d'opposition en sous-ordre sur le créancier utilement colloqué, le juge-de-paix procède à la distribution du montant de la collocation utile par contribution au marc la livre entre tous les opposans en sous-ordre, sans préjudice de la distinction du patrimoine d'un défunt d'avec celui de ses héritiers, et de la préférence qui en résulte en faveur des créanciers du défunt.

152. Les dispositions relatives à la confection de l'ordre sont déclarées communes aux distributions en sous-ordre. Les frais du juge-de-paix restent fixés, pour ces distributions, à cinq décimes par 100 francs du montant des collocations, et ceux de son greffier à moitié, non compris le papier timbré.

Chapitre IX.

Des bureaux de la conservation des hypothèques.

§. Iᵉʳ.

Du bureau de la conservation générale des hypothèques.

153. Le bureau de la conservation générale des hypothèques, établi à Paris, est administré par un conservateur général, qui est à la nomination et destitution du Directoire exécutif.

154. Le conservateur général est sous la surveillance immédiate du ministre de la justice, pour tout ce qui concerne la partie législative des hypothèques.

Néanmoins il rend, chaque année, au ministre des finances, un compte général des recettes et dépenses relatives à la conservation des hypothèques.

155. Le conservateur général nomme et destitue les conservateurs particuliers, ensemble les employés de ses bureaux à Paris.

156. Le traitement du conservateur général est fixé sur le même pied que celui attribué aux commissaires de la trésorerie nationale.

157. Les traitemens des employés et frais de bureau de la conservation générale seront réglés par le ministre des finances, sur le taux des autres administrations publiques.

158. Il est formé chaque année, au bureau de la conservation générale, un relevé des principaux travaux des bureaux particuliers et des produits du tarif.

159. La franchise des ports de lettres et paquets de la correspondance du conservateur général avec les conservateurs particuliers, sera la même que celle déterminée par l'article 6 de la loi du 2 brumaire an 4.
Néanmoins elle n'aura lieu que pendant une année, à compter de la publication de la présente loi.

140. La maison de l'Oratoire et ses dépendances, désignées par les arrêtés des comités de gouvernement, des 6 fructidor an 3 et 17 brumaire suivant, en exécution de la loi du 9 messidor, pour l'établissement du bureau de la conservation générale des hypothèques, continueront d'y être affectées.

§. I I.

Des bureaux particuliers de la conservation des hypothèques.

141. Il y a auprès de chaque bureau de la conservation des hypothèques un conservateur qui peut s'adjoindre le nombre nécessaire d'agens à sa nomination et destitution, et dont il répond.

142. En cas de vacance d'un bureau particulier que le conservateur général croiroit susceptible d'être réuni ou divisé, il peut être donné une commission par *interim* à l'un des conservateurs voisins, pour faire, dans le bureau qui lui est déja confié, le travail de celui vacant, jusqu'à ce qu'il ait été statué par le Directoire exécutif sur la demande en réunion.

143. Il ne peut être choisi pour remplir les fonctions de conservateurs particuliers des hypothèques, que des citoyens âgés de plus de vingt-cinq ans, et qui puissent,

soit par eux-mêmes, soit par autres, fournir une caution en immeubles, francs et quittes de toute hypothèque.

144. Leurs fonctions sont incompatibles avec celles de commissaires du Directoire exécutif, greffiers et secrétaires près les administrations de département et les tribunaux, ainsi qu'avec celles de tous juges et de percepteurs de deniers publics.

Elles le sont encore avec les fonctions de notaires résidans dans les communes au-dessus de six mille habitans.

145. Les conservateurs des hypothèques sont dispensés du service personnel de la garde nationale.

146. Le montant du cautionnement de tous les conservateurs particuliers des hypothèques dans les quatre-vingt-neuf départemens de la République, est fixé à quinze millions, dont la répartition est faite entre eux par le conservateur général des hypothèques.

Le cautionnement pour les départemens réunis par la loi du 9 vendémiaire an 4 et pour les colonies, sera fixé par le Directoire exécutif.

147. Il n'est perçu qu'un droit fixe de 25 francs pour l'enregistrement de chacun des actes de cautionnement que sont tenus de fournir, pour sûreté de leur gestion, les conservateurs des hypothèques et leurs agens.

148. Le conservateur ne peut entrer en fonctions qu'après l'enregistrement de sa commission tant au greffe du tribunal civil qu'au secrétariat de l'administration du département dans l'arrondissement duquel il doit exercer. Il le requiert en personne, ou par un fondé de sa procuration spéciale passée en brevet double, qui demeure déposé auprès de chacune de ces autorités.

La même formalité est prescrite aux agens des conservateurs particuliers, pour les commissions qu'ils reçoivent d'eux.

149. **Dans** tous les cas où le conservateur des hypothèques a un intérêt personnel, ses fonctions sont remplies par le juge-de-paix dans l'arrondissement duquel le bureau est situé, et, à son défaut, par l'un de ses assesseurs. L'un ou l'autre est tenu de se transporter au bureau du conservateur, pour y faire tous enregistremens nécessaires.

150. Jusqu'à ce qu'il ait été pourvu à la nomination des places de conservateurs devenues vacantes par décès, interdiction ou autres causes, leurs fonctions sont exercées par le plus ancien en réception des agens du même bureau, ou, à son défaut, par le juge-de-paix de la situation du bureau ; à l'effet de quoi tous registres, titres et papiers leur sont remis à l'instant, et sur leur récépissé, par tous héritiers, dépositaires ou gardiens.

151. **Dans** le nombre des registres tenus pour chaque bureau, il y a un livre de raison à parties doubles.

152. **Les** registres à l'usage des bureaux de la conservation des hypothèques sont cotés et paraphés par le juge-de-paix de la situation du bureau. Ils seront conformes au modèle arrêté par le conservateur-général.

153. **Les** registres sont écrits de suite, et sans aucun blanc ; les ratures et renvois sont approuvés.
Ils sont publics et ouverts à tous les citoyens.

154. **En** aucun cas, ni sous aucun prétexte, les registres, livres de raison, ou autres titres et papiers déposés au bureau de la conservation des hypothèques, ne peuvent en être déplacés, ni recevoir aucune apposition de scellés, même en matière d'accusation en faux matériel et vérification d'écritures, à peine de tous dépens, dommages et intérêts, sauf aux juges et parties intéressées à faire constater, sans déplacement et sans nuire au service, l'état des registres et pièces arguées

de faux, et y faire toutes autres vérifications requises et nécessaires.

155. L'action qui dérive de la responsabilité encourue par les conservateurs, dans les cas déterminés en la présente loi, doit être intentée dans l'année qui suivra la durée de l'inscription ; après ce délai elle n'est plus admissible.

156. Il est alloué aux conservateurs particuliers, à titre de traitement, les sept huitièmes de tous les droits à percevoir, suivant le tarif ci-après, et la totalité de ceux alloués sous le n°. 12 pour les expéditions.

Au moyen de cette remise, ils seront tenus de fournir généralement à tous frais de bureaux et registres.

157. Le huitième restant est versé, tous les trois mois, par les conservateurs particuliers, dans la caisse du trésorier du département ou de son préposé, le plus voisin de chaque bureau.

À cet effet, le trésorier ou son préposé sont autorisés à vérifier et arrêter les registres des conservateurs.

158. La réserve du huitième ci-dessus, faite au profit du trésor public, sera augmentée ou diminuée par le Directoire exécutif, en raison des produits du tarif, de manière que le *maximum* de la remise accordée à chaque conservateur particulier ne puisse excéder cinq pour cent du montant de son cautionnement.

159. Le *maximum* de cette remise pourra s'élever à sept pour cent du montant du cautionnement fourni par les conservateurs particuliers, dont les bureaux seroient établis dans les communes excédant une population de cent mille habitans.

160. Les conservateurs seront tenus d'exprimer au pied de chaque extrait ou pièce qu'ils délivreront, les droits qu'ils auront perçus.

CHAPITRE X.

Dispositions circonstancielles et transitoires.

161. Tout créancier hypothécaire, et tout usufruitier, ou preneur à bail emphytéotique, de biens et droits susceptibles d'hypothèque, dont les titres seroient antérieurs à la publication de la présente loi, et qui ne les auroient pas fait encore inscrire, sont tenus de le faire dans les deux mois de ladite publication, en se conformant aux dispositions du chapitre premier du présent titre, sous les peines portées par les art. 17, 18 et 42.

162. Les créanciers antérieurs à la publication de la présente loi, qui auroient le mari et la femme pour obligés, sont tenus, s'ils ne l'ont déja fait, de requérir, dans le délai fixé par l'article précédent, l'inscription de leurs titres sur les biens du mari, s'il en possède ; faute de quoi leurs inscriptions sur les biens de la femme sont sans effet.

Au moyen de cette disposition, la femme qui s'est obligée pour son mari, ou conjointement avec lui, est dispensée de faire inscrire comme créances les indemnités résultantes desdites obligations.

163. Les inscriptions à faire au profit des femmes mariées, pour tous droits et créances antérieurs à la publication de la présente loi, sur les biens de leurs maris, seront reçues gratuitement et sans frais.

164. A l'égard des hypothèques légales ou tacites, et des droits d'usufruit acquis avant la même époque, et qui ne résulteroient d'aucun acte de la jurisdiction volontaire ou contentieuse, il suffira d'énoncer dans le bordereau l'origine et l'époque de ces hypothèques, ou droits.

165. Tout créancier antérieur à la même époque pourra cumuler les arrérages et intérêts dus et exigibles,

ensemble les frais et dépens, et autres accessoires qu'il
entend réclamer, à la charge d'en exprimer le total
dans le bordereau.

166. Tous les comptables directs envers la nation,
et qui se trouvent actuellement en exercice, seront tenus
de rapporter à l'autorité à laquelle ils sont immédiatement subordonnés, et dans le mois de la publication
de la présente loi, le certificat des inscriptions indéfinies
faites sur eux aux bureaux de la conservation des hypothèques tant de la situation des biens que de leur
domicile et du lieu d'exercice de leurs fonctions; faute
de quoi il sera procédé à leur remplacement.

167 Les inscriptions à faire sur les comptables hors
d'exercice, et dont les comptes ne sont pas encore apu-
rés, seront faites à la diligence de l'agent du trésor
public par le commissaire du Directoire exécutif près
l'administration de département.

168. Celles sur tous autres débiteurs de la nation, à
tel titre que ce soit, seront faites au nom de la régie
de l'enregistrement et des domaines nationaux, poursuite et diligence de leurs préposés.

169. Les inscriptions énoncées dans les articles 166,
167 et 168, et celles au profit des établissemens et hospices de charité, seront faites sans aucune avance de
la part du trésor public, ni des administrateurs desdits
hospices, sauf le recours du conservateur contre le débiteur.

170. Les créanciers qui n'auroient pas justifié, aux
termes de la loi du premier floréal an 5, de la solvabilité des émigrés, leurs débiteurs seront seuls tenus
de requérir inscription pour maintenir entre eux le
rang de leurs hypothèques et priviléges.

171. Dans tous les cas où l'inscription ne doit pas être
faite gratuitement, les salaires dus pour l'inscription

de tous droits et créances acquis antérieurement à la présente loi, sont réduits à moitié de ceux fixés par le tarif.

Les bordereaux de toutes créances antérieures à la même époque ne sont pas soumis à la formalité de l'enregistrement prescrit par l'article 28.

172. Les possesseurs de biens territoriaux qui ayant commencé à remplir les formalités prescrites par les lois et usages antérieurs pour consolider leurs propriétés ou en purger les hypothèques, ne les auroient pas terminées à l'époque de la publication de la présente loi, auront la faculté de suivre et compléter lesdites formalités, ou de se conformer au nouveau régime hypothécaire.

173. Dans le cas où le possesseur préféreroit de suivre le nouveau régime, le certificat énoncé en l'art. 64 ne sera délivré par le conservateur qu'à l'expiration des deux mois qui suivront la publication de la présente loi.

174. Il ne sera donné aucune suite aux procédures de saisies réelles sur lesquelles il ne seroit point encore intervenu d'adjudication préparatoire.

Les créanciers poursuivans, ou tous autres qui auroient fait inscrire les titres de leurs créances, sont tenus, à peine de nullité et de tous dommages-intérêts envers la partie saisie, de se conformer aux dispositions du nouveau régime hypothécaire.

Chapitre XI.

De la cessation de l'ancien régime hypothécaire.

175. Toutes les lois, coutumes et usages observés antérieurement sur les hypothèques, demeurent abolis, en ce qu'ils auroient de contraire aux dispositions de la présente loi, sauf l'exercice des droits, actions et privilèges acquis jusqu'alors, qui auront leur effet pour le passé seulement.

Projet de code hypothécaire.   C

TITRE III.

Du crédit cédulaire.

§. Ier.

Principes sur la cédulisation.

176. Tout propriétaire d'immeubles réels, ayan[t] libre disposition de ses biens, a la faculté de pre[ndre] crédit sur lui-même par la voie des cédules hypo[thé]caires.

177. La cédule forme un titre exécutoire contre c[elui] qui l'a souscrite, pour être payée à son échéance. [Elle] est transmissible par la voie de l'endossement nom[ina]tif à ordre.

Il n'y a aucun recours de garantie d'un endosse[ur à] l'autre, excepté seulement en cas de faux.

178. Les droits d'usufruit ni d'emphytéose ne [sont] pas susceptibles d'être cédulés.

§. I I.

De la quotité du crédit cédulaire.

179. Il ne peut être délivré de cédules que jusq[u'à] concurrence des trois quarts de la valeur libre des b[iens] ruraux, et seulement pour la moitié de la va[leur] des usines, des maisons, bâtimens et jardins si[tués] dans l'intérieur des villes.

180. Il n'en est également délivré que jusqu'à [con]currence de la moitié, pour les usines, maisons, [bâ]timens et jardins situés dans la campagne, lorsque [la] valeur excède celle des parcs et biens ruraux qui [en] dépendent, ou à l'exploitation desquels ils sont desti[nés].

SOAIR

Bu

Bure
Ca

Cé

requi

l'an

D

B

A*omicile*

valeur

C

C

D *e la*

l'an

ge, su

pay *a so*

l'an *paya*

âgé

dem

n'ya *e date*

pro

pou

l'an

vo

le

C

SOUCHE ORIGINALE.

Bureau d

N°.

Cédule de

requise le

l'an   vol. n°.

Département d

Bureau d

Arrondissement d

Canton d

Commune d

Délivrée le

l'an   vol. n°.

payable le

l'an   souscrite par

âgé de

demeurant à

ayant élu domicile à

propriétaire dans l commune d

pour la valeur capitale de

Signature du
conservateur.

Signature
du requérant.

LOI du NEUF MESSIDOR.

CÉDULE

N°. **CÉDULE HYPOTHÉCAIRE DE**   francs.

Payable le   l'an

Requise le   l'an vol. n°.

Département d

Arrondissement d   Bureau d

Commune d   Canton d   (Timbre sec.)

Délivrée le   l'an vol. n°.

(Timbre à l'encre.)

*D*ANS   préfixe, à compter de ce jour, je soussigné

âgé de   demeurant à

m'oblige de payer à   domicile

sur la valeur de mes biens territoriaux, à l'ordre d e

dénommé au dos, la somme de

en monnoie métallique, valeur reçue de la même manière.

A   l'an de la République française une et indivisible.

Signature du requérant.

Je soussigné   conservateur particulier des hypothèques au bureau

d   certifie, sur ma responsabilité :

1°. Que le citoyen   a souscrit, en ma présence, la cédule ci-dessus, de la

somme de   payable le

2°. Qu'il est propriétaire dans l commune d

3°. Que ces biens sont cotisés d   de contribution foncière par an ;

4°. Qu'ils sont de valeur capitale de   suivant e déclaration foncière d

5°. Que les hypothèques inscrites sur ces biens, ayant une date antérieure à la requisition de la cédule ci-dessus,

sont de la somme de   faisant avec ladite cédule celle

de

En sorte que lesdits biens offrent une valeur libre

A   le   l'an de la République française une et indivisible.

Inscrit le   audit an vol. n°.

Signature du conservateur.

Enregistré à   le   l'an

n°. f°. reçu

L'AN troisième de la Républ. française.

HYPOTHÉCAIRE.

DOUBLE SOUCHE.

Bureau d

N°.

Cédule d

requise le

l'an   vol. n°.

Département d

Bureau d

Arrondissement d

Canton d

Commune d

Délivrée le

l'an   vol. n°.

payable le

l'an   souscrite par

âgé de

demeurant à

ayant élu domicile à

propriétaire dans l commune d

pour leur valeur capitale de

Signature du
conservateur.

Signature
du requérant.

Code hypothécaire, page 56, art. 188.

Payez à l'ordre d citoyen	Payez à l'ordre d citoyen
Payez à l'ordre d citoyen	Payez à l'ordre d citoyen
Payez à l'ordre d citoyen	Payez à l'ordre d citoyen
Payez à l'ordre d citoyen	Payez à l'ordre d citoyen
Payez à l'ordre d citoyen	Payez à l'ordre d citoyen
Payez à l'ordre d citoyen	Payez à l'ordre d citoyen
Payez à l'ordre d citoyen	Payez à l'ordre d citoyen
Payez à l'ordre d citoyen	Payez à l'ordre d citoyen
Payez à l'ordre d citoyen	Payez à l'ordre d citoyen
Payez à l'ordre d citoyen	Payez à l'ordre d citoyen
Payez à l'ordre d citoyen	Payez à l'ordre d citoyen
Payez à l'ordre d citoyen	Payez à l'ordre d citoyen

181. Les terreins plantés en bois soit de haute-futaie, soit de taillis, ne peuvent être cédulés que jusqu'à concurrence de la valeur des trois quarts du fonds, sans que cette valeur puisse être augmentée de celle de la superficie.

§. I I I.

De la délivrance de la cédule hypothécaire.

182. Quiconque veut requérir cédule, en fait lui-même, ou par fondé de procuration spéciale, la requisition au conservateur des hypothèques de la situation des biens; il en détermine la quotité. Le montant de la cédule ne peut excéder cette quotité; mais il peut être inférieur.

Les formalités prescrites dans le titre suivant sont observées pour constater la nature et la valeur des biens immeubles sur lesquels la cédule est requise.

183. Les cédules confèrent hypothèque sur les biens du requérant, à la date de la requisition.

Cette requisition ne produit aucun effet si la cédule n'est délivrée dans les trois mois.

184. Soit qu'il y ait eu, ou non, expertise, les cédules hypothécaires ne peuvent être délivrées par le conservateur des hypothèques qu'après un mois du jour de la requisition.

185. Mais si, depuis le jour de la requisition, il est survenu des inscriptions de créances donnant une hypothèque antérieure à cette requisition, le conservateur est tenu d'y avoir égard; en sorte qu'en aucun cas la somme desdites cédules, ajoutée à celle des inscriptions donnant une hypothèque antérieure, ne puisse excéder la portion cédulable des biens, conformément aux articles 179, 180 et 181.

186. Dans le cas de revendication inscrite antérieurement à la délivrance de la cédule, le conservateur ne peut la délivrer sur les biens revendiqués.

C 2

187. Aucune cédule ne peut être créée pour un temps plus long que cinq années ; néanmoins l'action hypothécaire en résultant n'est prescrite, à l'égard de celui qui l'a souscrite, que dans les délais et de la manière fixés pour les autres obligations.

188. Les cédules sont délivrées dans la forme du modèle ci-annexé.

La souche originale reste entre les mains du conservateur des hypothèques, pour que la cédule puisse y être confrontée au besoin. Il envoie au bureau de la conservation générale des hypothèques les doubles souches des cédules expédiées.

189. Avant d'être délivrées au requérant, les cédules sont, à la diligence du conservateur, enregistrées au bureau de la perception des droits le plus voisin.

Le droit sera d'un demi pour cent par an, et calculé dans cette proportion, suivant le montant et la durée de la cédule.

190. Le conservateur des hypothèques est garant que la valeur capitale des biens énoncée en la cédule est leur valeur réelle et effective à l'époque de la cédule. Cette garantie cesse si elle n'a été exercée dans l'année de l'échéance de la cédule.

191. Le débiteur de créances hypothécaires ou privilégiées, qui se libère avec des deniers d'emprunt, peut créer, au profit du prêteur, des cédules conférant le rang du privilége et de l'hypothèque afférant à la dette remboursée.

Il est fait mention dans la cédule de l'époque à laquelle remonte l'hypothèque subrogée.

192. Les cédules ainsi requises ne sont délivrées qu'après la radiation de l'inscription des créances qu'elles ont pour objet d'éteindre, à peine par le conservateur d'en répondre.

193. Il n'est point nécessaire pour la délivrance des cédules, dans les cas prévus par l'article 191, d'attendre l'expiration du mois de la réquisition.

TITRE IV.

Du mode de constater la valeur des biens immeubles.

194. Le propriétaire qui veut user de la faculté de faire constater légalement la nature et la valeur de ses biens immeubles, dépose, s'il ne l'a déja fait, la déclaration foncière desdits biens. Il requiert le conservateur des hypothèques d'en reconnoître ou contester les titres et l'évaluation.

195. Afin de mettre le conservateur en état de juger de la valeur et de la propriété des biens, le requérant est tenu de lui donner sur-le-champ communication sous récépissé,

1°. Des titres de propriété, baux à loyer, à ferme, à emphytéose, et autres documens qui servent de base à la déclaration foncière ;

2°. De l'extrait du rôle de la contribution foncière pour la dernière année.

196. Le conservateur a le droit de prendre communication, sans déplacer, des matrices du rôle de la contribution, ainsi que des registres, sommiers et tables servant à la perception des droits d'enregistrement.

197. Dans le cas où le conservateur prétendroit qu'il y a forcement de valeur dans la déclaration foncière, il est fait estimation des biens par experts.

198. L'un des experts est nommé par le conservateur des hypothèques, l'autre est choisi par le requérant, lequel est tenu d'en donner avis par écrit au conservateur cinq jours avant l'expertise.

199. Avant de faire la nomination de son expert, le

propriétaire est tenu de déposer entre les mains du trésorier du département, ou son préposé dans l'arrondissement du bureau des hypothèques, pour subvenir
aux frais de l'expertise, les sommes présumées nécessaires. Cette consignation ne peut excéder un pour cinq
cents de la valeur capitale exprimée dans la declaration
foncière.

200. Un double de la déclaration foncière, ensemble
les titres et documens nécessaires sont confiés, par le
propriétaire, aux experts, sous le récépissé de l'un
d'eux.

201. Le résultat de l'expertise doit être combiné sur
la valeur,
1°. Du revenu net du bien, comme s'il devoit être
donné à ferme ou à loyer, déduction faite des contri-
butions et charges foncières;
2°. Du capital ou prix moyennant lequel il seroit
vendu, sans aucun sacrifice de convenance.

202. Il est rédigé procès-verbal de l'expertise. On y
distinguera, autant qu'il sera possible, la valeur des
propriétés situées en chaque commune.

203. En cas de partage, les experts nomment le tiers-
expert. S'ils ne peuvent en convenir, il est nommé d'office par le juge-de-paix de la situation du bureau des
hypothèques.

204. La minute du rapport est déposée, au plus tard
dans les trois jours de la confection, au bureau des hypothèques.

205. Les frais d'expertise des biens ruraux et bâtimens
servant à leur exploitation sont supportés par le propriétaire lorsque, par le résultat de l'expertise, la valeur
se trouve au-dessous de celle par lui fixée dans la déclaration foncière.

206. Dans le cas contraire, ils sont en entier à la

charge du conservateur ; et si le résultat de l'expertise donne une somme égale à celle exprimée dans la déclaration foncière, les frais sont supportés par le propriétaire et le conservateur, chacun pour moitié.

207. Dans tous les cas, les frais d'expertise des maisons d'habitation et usines sont supportés par le propriétaire.

208. La taxe des frais est faite par le juge-de-paix de la situation du bureau de la conservation. Il délivre les mandats sur les deniers déposés en exécution de l'article 199, soit pour l'acquit des frais, s'ils sont à la charge du propriétaire, soit pour la restitution à ce dernier, dans le cas contraire.

209. Le conservateur des hypothèques délivre certificat constatant la valeur capitale des immeubles résultante, soit de la déclaration foncière non contestée par lui, soit de l'expertise qui auroit eu lieu.
Il demeure garant que cette valeur est celle effective à l'époque de la délivrance dudit certificat.

210. *Tarif des salaires des conservateurs des hypothèques, à percevoir en numéraire ou valeur équivalente.*

1°. Inscription de chaque créance hypothécaire, droit fixe • • • • • • • • • • • • • • •.. **2 francs.**
Plus, un pour trois mille du montant de la créance.

2°. Pour chaque inscription indéfinie, droit fixe, • • • • • • • • • • • • • • • • • **4**

3°. Pour chaque inscription de cession de créance, d'inscription en sous ordre, ou radiation d'inscriptions quelconques, droit fixe, **4**

4°. Pour l'enregistrement de chaque déclaration de changement de domicile, • • **1**

C 4

5°. Pour l'inscription de chaque expropriation, ou celle de droits d'usufruit.

Droits fixes, lorsque la valeur est au-dessous de 2000 francs, ... 1 fr. » centim.

De 2000 francs et au-dessus, . . . 3 »

6°. Pour l'inscription de chaque requisition de cédules, ... 3 »

7°. Pour la délivrance de chaque coupon de cédules, ... 3 »

8°. Pour chaque report des registres sur le livre de raison, ... » 5o

9°. Pour chaque extrait d'inscription, ou certificat qu'il n'en existe aucune, non compris le papier timbré . 1 25

10°. Pour l'inscription de chaque déclaration foncière, ... 1 »

Plus, un pour deux mille cinq cents de la valeur qui y est énoncée.

11°. Pour l'inscription du dépôt de chaque expertise, ... 2 »

12°. Pour les expéditions qui seroient demandées de déclarations et actes déposés dans le bureau du conservateur, à raison de chaque rôle de papier moyen contenant le nombre de lignes et de syllabes déterminé par les lois sur le timbre, non compris le papier timbré et le droit d'enregistrement, . . » 75

13°. Pour chaque heure de vérification par les parties intéressées, dans un ou plusieurs registres, ... 1 5o

211. Le tarif est revu tous les ans par le Corps législatif, et néanmoins il continuera d'avoir lieu tant qu'il n'en aura pas été autrement ordonné.

TITRE V.

Articles réglementaires pour les colonies.

212. Le délai pour l'inscription des titres de créances et droits d'usufruit sur des biens situés dans les colonies, est prorogé à six mois après la publication de la paix dans ces parties de la République française.

213. Néanmoins le propriétaire, ou toute personne légitimement chargée de l'administration d'une habitation détruite ou détériorée par suite de la guerre, incendie, inondation ou autre force majeure, a la faculté, à compter de la publication de la présente loi, de créer des cédules jusqu'à concurrence du quart de la valeur actuelle de la propriété, pour l'acquit des constructions, réparations, améliorations, achats de bestiaux nécessaires à l'exploitation, ainsi que pour les nourriture et entretien pendant une année, des cultivateurs.

Ces cédules auront privilége et préférence sur toutes autres créances antérieures et privilégiées, à la charge par le conservateur de n'en faire la remise qu'à celui qui justifieroit de l'emploi des fonds, suivant les formes prescrites par les lois.

214. Il ne pourra être délivré dans aucun cas de cédules sur des propriétés dans les colonies, si ce n'est après une expertise du bien, à laquelle sera joint le plan de l'habitation. Les formes prescrites à cet égard par le nouveau régime hypothécaire seront observées, et les frais seront supportés par le requérant cédule.

215. L'action du porteur de cédule, tant celle directe contre le débiteur que celle en recours sur le conservateur et ses cautions, ne pourra être exercée en temps de guerre ; mais alors les cédules porteront intérêt au taux légal, à compter du jour de leur échéance, et le paiement n'en sera exigible, chaque année, que sur les fruits.

216. Les fonctions attribuées par le nouveau régime hypothécaire aux juges-de-paix seront remplies dans les colonies par l'un des membres du tribunal civil de la situation des biens délégué à cet effet, sauf l'appel devant un autre tribunal, suivant les formes prescrites par les lois.

217. Il y aura dans les colonies vingt-trois bureaux de la conservation des hypothèques, suivant le tableau joint à la présente loi. Les agens en chef du pouvoir exécutif dans les colonies fixeront le lieu de la situation et l'arrondissement de chacun des bureaux. Les administrations de département sont chargées de procurer un local sûr et commode : le conservateur n'en paiera point le loyer ; mais il sera tenu d'acquitter les charges foncières et frais d'entretien.

218. Les conservateurs pourront, suivant les localités, fixer la résidence de leurs agens dans des communes autres que celles désignées pour le bureau principal.

219. Le conservateur général des hypothèques pourra, pour l'activité du service, centraliser les travaux,
1°. A Saint-Domingue ;
2°. En l'une des communes des Isles-du-Vent ;
3°. Dans l'une de celles des Indes Orientales.

220. Les salaires fixés par la loi sur le code hypothécaire pour les départemens du continent seront doubles pour les colonies : ils seront perçus en monnoie de France.

Tableau des bureaux de la conservation des hypo-
thèques à établir dans les colonies.

A Saint-Domingue et dépendances 6
A la Guadeloupe et dépendances 2
A Marie-Galande 1
A la Martinique 2
A Sainte-Lucie 1
A Tabago 1
A Cayenne et Guiane française 1
A l'Isle de France 2
A l'Isle de la Réunion 2
Aux Sechelles 1
A Pondichéry 1
A Chandernagor 1
A Karikal 1
A Mahé 1

Les conservateurs seront nommés, ainsi qu'en France, par le conservateur général des hypothèques.

L O I

Sur les déclarations foncières.

ARTICLE PREMIER.

Les déclarations foncières de biens territoriaux prescrites dans les cas déterminés au code hypothécaire, seront faites par le propriétaire ou par son fondé de procuration, s'il est absent, ou qu'il ne sache signer.

I I.

Nul ne peut déclarer, comme à lui appartenans, les biens d'autrui, sous peine des dommages du propriétaire, et des autres parties intéressées.

I I I.

Les déclarations foncières sont faites sur papier timbré, suivant le modèle joint à la présente loi, sans qu'il soit nécessaire de recourir à aucun fonctionnaire public pour les rédiger.

I V.

Elles sont faites séparément pour chaque arrondissement d'administration municipale de canton.

V.

Chaque déclaration foncière contiendra,

1°. Les noms, prénoms, âge, profession et domicile du propriétaire ;

2°. La description de chacun de ses biens territoriaux en situation, nature ou genre d'exploitation ;

Quantité superficielle approximative ;

Confins ou limites par aspects solaires ;

Le tout par autant d'articles séparés, sans que plusieurs pièces, qui ne seroient pas contiguës, puissent entrer dans un même article, et en distinguant dans un chapitre particulier les biens situés dans chaque commune ;

3°. La valeur de chacun de ces biens, tant en revenu annuel qu'en capital ou prix vénal, séparément pour chaque article qui ne seroit pas affermé en commun avec d'autres énoncés dans la même déclaration foncière ;

4°. L'origine de la propriété.

V I.

Elles sont déposées au bureau de la conservation des hypothèques dans l'arrondissement duquel les biens qu'elles ont pour objet sont situés.

Le conservateur en donne récépissé.

Modèle de la déclaration foncière (art. 3.)

Commune de · · · · · · · administration munici-pale de · · · · · · · département de · · · · · ·

Je (les noms et prénoms) âgé de · · · · · · ans, (laboureur) demeurant à · · · · · · administration municipale de · · · · · · département de · · · · ·

Déclare être propriétaire des biens ci-après désignés, situés dans l'étendue du territoire de l'administration municipale de · · · · · · ·

Savoir, commune de · · · · · ·

Art. 1. Une maison composée de divers bâtimens, avec cour et jardin, le tout contenant. · · · · · · · située à · · · · · · tenant d'orient à, etc. · · · · · · de valeur en revenu annuel de · · · · · en capital, de · · · · · · · · appartenant au déclarant (comme héritier en partie de défunt N. son père) · · · · commune de · · · · · · ·

Art. 2. Une pièce de pré ou bois, vignes, avec étang, close de (haies, murs ou fossés) contenant · · ares. · · ayant cinq côtés, confinant, le premier · · · etc. de valeur en revenu annuel de · · · · · · · · et en capital. · · · · · · appartenant à. · · · · · · ·

Certifié véritable par moi susnommé · · · · ·

Membres de la Commission.

Les Représentans du Peuple, DAUBERMESNIL, DUMOLARD, RÉAL, ESCHSSERIAUX aîné, TROUILHE, et POMME.